菜根谭

全彩图译本

〔明〕洪应明 著

《一力古典文丛》编辑组 编译

文汇出版社

图书在版编目（CIP）数据

菜根谭：全彩图译本／〔明〕洪应明著；《一力古典文丛》编辑组编译.
—上海：文汇出版社，2007.10
（一力古典文丛）
ISBN 978-7-80741-254-0

Ⅰ.菜… Ⅱ.①洪…②一… Ⅲ.①个人-修养-中国-明代 ②菜根谭-注释 Ⅳ.B825

中国版本图书馆CIP数据核字（2007）第129848号

菜根谭

著　　者 /	〔明〕洪应明
编　　译 /	《一力古典文丛》编辑组
责任编辑 /	张建德
装帧设计 /	灵动视线
出版发行 /	文汇出版社
	上海市威海路755号
	（邮政编码 200041）
经　　销 /	全国新华书店
印　　刷 /	山东新华印刷厂德州厂
版　　次 /	2007年10月第1版
印　　次 /	2007年10月第1次印刷
开　　本 /	787×1092　1/16
字　　数 /	126千
印　　张 /	12
印　　数 /	1—10000
书　　号 /	ISBN 978-7-80741-254-0
定　　价 /	26.00元

序　言

　　中华民族在漫长的历史发展中，得以建构了人类历史上最悠久的文明之一。在维系中国社会稳定和政治秩序方面，以儒家思想为核心的传统文明曾发挥着相当大的作用，然而传统文明最致命的弱点在于，它潜伏着一个阻抑社会进步、科学发展和个性发扬的病根。自鸦片战争以降，代表现代科学思维的西方文明挟其"坚船利炮"，打破并无真实守卫力量的"闭关锁国"，使在文明古国大地上安榻稳居了数千年、年迈而肢体不便的传统文化，陷入被"拥护"和"打倒"的尴尬境地。此后百余年的政治、经济在矛盾中认可西方文明的过程，始终贯穿着以反对"旧礼教"、"旧制度"、"旧传统"为主要内容和表征的文化论争。以至美国汉学家费正清在《剑桥晚清史》中说，中国近代史从根本上是一场最广义的文化冲突。

　　台湾学者殷海光总结道，对于传统的态度，就至少半个世纪以来的中国人说，大致可分为三种：传统至上说，传统吃人说，传统可塑说。当然，中华民族作为多民族文化共同体，传统并不只是儒学一家，世界也不允许再行封闭。综合创新说，也为愈来愈多的有识之士所认同。关于传统的价值问题，近年已至存亡绝续、转化创新之际，这不只是一个纯理论兴趣的问题，而且是一个关乎民族治乱兴衰、和谐发展和高扬自己文化旗帜的问题。

　　在数千年的文明发展中，中国传统文化所蕴含的思维方式、行为准则、价值观念，不仅为我们留下了宝贵的文化遗产，还因其巨大的独创性、传承性与包容性，为当今社会创新文化提供历史的依据和现实的基础。故此，文化论争虽是近百年来的重要话题，但从近代文化变革看当代新文化建设，仍有可鉴之处。中华文明传承数千载，典籍浩如烟海，精彩纷呈而又鱼龙混杂，选一本古籍读物容易，选一套能引领现代人精神回归且又能拓展现代人的文化精神空间的国学典籍，则实难矣，稍有不慎，即会陷入维持旧观念、旧伦理、旧习俗的文化复古之谬——它有什么现实作用？它能否推进国家进步？文化是时代的产物，传统文明是历史文化的结晶，以我们现在所处的时代和环境，去审视传统文明，并试图从中引申出某些解决现代问题的思路，是否有"刻舟求剑"之嫌？客观介绍中华传统文化、民俗，无疑能给处在混乱与迷茫中的读者一种向传统靠近的契机，能使国人获得心理和情感上的某种满足和慰藉。然而，与此同时又如何不误导传统主体文化的自我保持与更新，如何不误导中外文化的比较与融通，是我们一直思考并尤为慎重的。作为这个时代的知识分子，我们现代不能割断传统，现代是与传统进行创造性的对话而开拓出来的。

　　价值是文化的要素，如何不失固有血脉，又能与时俱进，推动价值系统的自主创新，这是一个需要博识深思、认真对待的问题。这套图文并茂的《一力古典文丛》从文化的各个结点构筑中华文明的大体轮廓；读者的思想如在结点间攀缘，当能在空间维度和时间维度层面丰富对传统文化的认知，从而由感性进入思辨领域触及几千年文明的肌理。向现代读者介绍此套丛书，并不意味着我们倡导文化复古或中立，而是期待有能在学问和思想上打开僵结的一代人来承前启后。如果读者能由这些普及读物对几千年文明有所直观了解，再能由这些结点入乎其里而出乎其表，进行一种有根底的原创，当是文化之幸，民族之幸。

编者
2007年1月

目录

栖守道德　毋依权贵……………………1
与其练达　不若朴鲁……………………2
心地光明　才华韫藏……………………2
污泥不染　机巧不用……………………2
闻逆耳言　怀拂心事……………………3
和气喜神　天人一理……………………4
真味是淡　至人如常……………………4
闲时吃紧　忙时悠闲……………………4
静坐观心　真妄毕现……………………5
得意早回头　拂心莫停手………………6
志从淡泊来　节在肥甘丧………………6
田地放宽　恩泽流长……………………6
路留一步　味减三分……………………7
脱俗成名　减欲入圣……………………8
侠心交友　素心做人……………………8
利毋居前　德毋落后……………………8
忍让为高　利人利己……………………9
矜则无功　悔可减过……………………10
美名不独享　责任不推脱………………10
功名不求盈满　做人恰到好处…………10
诚心和气　胜于观心……………………11
云止水中　动寂适宜……………………12
责恶勿太严　教善勿太高………………12

洁常自污出　明每从暗生…………12
伸张正气　再现真心…………13
事悟痴除　性定动正…………14
志在林泉　胸怀廊庙…………14
无过是功　无怨是德…………14
忧勤勿过　待人勿枯…………15
原其初心　观其末路…………16
富宜宽厚　知宜敛藏…………16
登高思危　少言勿躁…………16
放得功名　即可脱俗…………17
偏见害人　聪明障道…………18
知退一步　加让三分…………18
不恶小人　有礼君子…………18
正气清白　留于乾坤…………19
降魔先降心　驭横先驭气…………20
教育子弟　要严交游…………20
欲路勿染　理路勿退…………20
不可浓艳　不可枯寂…………21
超越天地　不入名利…………22
高一步立身　退一步处世…………22
修德忘名　读书深心…………23
一念之差　失之千里…………23
有木石心　具云水趣…………24
善人和气　凶人杀气…………24
君子无祸　勿罪冥冥…………25
多心为祸　少事为福…………25
当方则方　当圆则圆…………26
忘功念过　忘怨念恩…………26
施之不求　求之无功…………26

相观对治	方便法门	…………27
心地干净	方可学古	…………28
崇俭养廉	守拙全真	…………28
学以致用	立业种德	…………29
扫除外物	直觅本来	…………29
苦中有乐	得意生悲	…………29
富贵名誉	来自道德	…………30
花铺好色	人行好事	…………30
兢业的心思	潇洒的趣味	…………31
立名者贪	用术者拙	…………32
宁虚勿溢	宁缺勿全	…………32
拔去名根	融化客气	…………32
心体光明	暗室青天	…………33
无名无位	无忧无虑	…………34
恶畏犹善	显善存恶	…………34
居安思危	天亦无用	…………34
偏激之人	难建功业	…………35
愉快求福	去怨避祸	…………36
宁默毋躁	宁拙毋巧	…………36
热心之人	其福亦厚	…………36
天理路广	人欲路窄	…………37
磨练福久	参勘知真	…………38
虚心明理	实心却欲	…………38
宽宏大量	胸能容物	…………38
多病未羞	无病是忧	…………39
一念贪私	坏了一生	…………40
心中亮堂	不受诱惑	…………40
保已成业	防将来非	…………40
培养气度	不偏不颇	…………41

风不留声　雁不留影…………42
君子懿德　中庸之道…………42
穷当益工　不失风雅…………42
未雨绸缪　有备无患…………43
念头起处　切莫放过…………44
静闲淡泊　观心证道…………45
动中真静　苦中真乐…………45
舍己勿疑　施恩勿报…………45
厚德积福　逸心补劳…………46
天机最神　智巧何益…………47
人生态度　晚节更重…………47
种德施惠　无位公相…………47
积累念难　倾覆思易…………48
君子诈善　无异小人…………48
春风解冻　和气消冰…………48
看得圆满　放得宽平…………49
坚守操履　不露锋芒…………50
逆境砺志　顺境杀人…………50
富贵如火　必将自焚…………50
精诚所至　金石为开…………51
文章恰好　人品本然…………52
能看得破　才认得真…………52
美味快意　享用五分…………52
忠恕待人　养德远害…………53
持身勿轻　用心勿重…………54
人生百年　不可虚度…………54
德怨两忘　恩仇俱泯…………54
持盈履满　君子兢兢…………55
扶公却私　种德修身…………56

公论不犯　权门不沾	56
不畏人忌　不惧人毁	56
从容处变　剀切规友	57
大处着眼　小处着手	58
爱重为仇　薄极成喜	58
藏巧于拙　以屈为伸	58
盛极必衰　居安虑患	59
奇人乏识　独行无恒	60
放下屠刀　立地成佛	60
毋形人短　毋忌人能	60
己所不欲　勿施于人	61
阴者勿交　傲者勿言	62
调节情绪　一张一弛	62
君子之心　毫无障塞	62
智慧识魔　意志斩妖	63
宽而容人　不动声色	64
英雄豪杰　经受锤炼	64
天地父母　万物敦睦	64
戒疏于虑　警伤于察	65
明辨是非　大局为重	66
亲善杜谗　除恶防祸	66
培养节操　磨炼本领	66
父慈子孝　伦常天性	67
不夸妍洁　谁能丑污	68
富多炎凉　亲多妒忌	68
功过要清　恩仇勿明	68
位盛危至　德高谤兴	69
阴恶祸深　阳善功小	70
以德御才　恃才败德	70

穷寇勿追　投鼠忌器……………70
有过归已　有功让人……………71
警言救人　功德无量……………72
趋炎附势　人之通病……………72
冷眼观物　慎动刚肠……………72
德量共进　识见更高……………73
人心惟危　道心惟微……………73
反省从善　尤人成恶……………74
功名一时　气节万古……………74
机里藏机　变外生变……………74
诚恳为人　灵活处世……………75
去混心清　去苦乐存……………76
一言一行　切戒犯忌……………76
欲擒故纵　宽之自明……………76
不能养德　终归末技……………77
急流勇退　与世无争……………78
细处着眼　施不求报……………78
清心去俗　趣味高雅……………78
修身养德　事业之基……………78
心善子盛　根固叶荣……………79
勿昧所有　勿夸所有……………79
道德学问　人皆可修……………80
信人已诚　疑人已诈……………80
春风催生　寒风残杀……………80
善根暗长　恶损潜消……………81
愈隐愈显　愈淡愈浓……………81
君子立德　小人图利……………82
意气用事　难有作为……………82
律己宜严　待人宜宽……………82

为奇不异　求清不激……………83
恩宜后浓　威宜先严……………83
心虚性现　意净心清……………84
物自为物　我自为我……………84
慈悲心肠　繁衍生机……………85
心体天体　人心天心……………86
无事寂寂　有事惺惺……………86
议事论事　明晓利害……………86
操履严明　亦毋偏激……………87
浑然和气　居家之珍……………87
诚心和气　激励陶冶……………88
一念慈祥　寸心洁白……………88
异行奇能　涉世祸胎……………88
忍得耐得　自在之镜……………89
心体莹然　本来不失……………90
一张一弛　事先安排……………90
为民请命　造福子孙……………90
为官公廉　居家恕俭……………91
富贵知贫　少壮念老……………92
气量宽厚　兼容并包……………92
勿仇小人　勿媚君子……………92
疾病易医　魔障难除……………93
百炼成金　轻发无功……………94
戒小人媚　愿君子责……………94
好利害浅　好名害深……………94
忘恩报怨　刻薄之极……………95
不畏谗言　却惧蜜语……………96
清高偏急　君子重戒……………96
虚圆建功　执拗偾事……………96

处世之道　不同不异……………97
烈士暮年　壮心不已……………98
聪明不露　才华不逞……………98
过俭者吝　过谦者卑……………98
喜忧安危　勿介于心……………99
声华名利　非君子行……………100
乐极生悲　苦尽甜来……………100
盈满勿加　将折勿搦……………100
冷眼观人　冷眼思理……………101
心宽福厚　量小福薄……………101
闻恶防谗　闻善防奸……………102
躁急无成　平和得福……………102
用人不刻　交友不滥……………102
立定脚跟　著得眼高……………103
和衷少争　谦德少妒……………103
居官有节　居乡有情……………104
事上警谨　待下宽仁……………104
逆境消怨　怠荒思奋……………104
轻诺惹祸　倦怠无成……………105
心领神会　全神贯注……………105
勿以长欺短　勿以富凌贫………106
中才之人　高低难成……………106
守口应密　防意应严……………106
责人宜宽　责己宜严……………107
幼时定基　少时勤学……………107
君子忧乐　亦怜茕独……………108
浓夭淡久　大器晚成……………108
静中真境　淡现本然……………108
乐者不言　言者不乐……………109

省事为适　无能全真……………………109
艳为虚幻　枯为胜境……………………110
天地之闲　因人而异……………………110
盆池竹屋　意境高远……………………110
静夜梦醒　月现本性……………………111
天地万物　皆是实相……………………111
知无形物　悟无尽趣……………………112
无欲有书　神仙之境……………………112
盛宴散后　兴味索然……………………112
得个中趣　破眼前机……………………113
非上上智　无了了心……………………114
人生苦短　宇宙无限……………………114
极端空寂　过犹不及……………………114
休无休时　了无了时……………………115
从冷视热　从冗入闲……………………116
轻视富贵　不溺酒中……………………116
不嫌人醉　不夸己醒……………………116
心闲日长　意广天宽……………………117
栽花种竹　去欲忘忧……………………118
知足则仙　善用则生……………………118
附势遭祸　守逸味长……………………118
松涧望闲云　竹夜见风月………………119
欲时思病　利来思死……………………120
退后一步　清淡一分……………………120
忙不乱性　死不动心……………………120
隐无荣辱　道无炎凉……………………121
心静自然凉　乐观无穷愁………………121
进时思退　得手思放……………………122
贪者常贫　知足常富……………………122

隐者多趣　省事心闲…………………122
自得之士　逍遥自适…………………123
孤云出岫　朗镜悬空…………………124
浓处味短　淡中趣真…………………124
高寓于平　难出于易…………………125
喧中见寂　有入于无…………………125
心无系恋　乐境仙都…………………126
静躁稍分　昏明顿异…………………126
卧雪眠云　绝俗超尘…………………126
浓不胜淡　俗不如雅…………………127
出世涉世　了心尽心…………………127
身放闲处　心安静中…………………128
云中世界　静里乾坤…………………128
不忧利禄　不畏仕祸…………………128
山泉去凡心　书画消俗气……………129
秋日清爽　神骨俱清…………………130
得诗真趣　悟禅玄机…………………130
好用心机　杯弓蛇影…………………130
身心自如　融通自在…………………131
盛衰始终　自然之理…………………131
无欲则寂　虚心则凉…………………132
贫则无虑　贱则常安…………………132
晓窗读易　午案谈经…………………132
花失生机　鸟减天趣…………………133
诸多烦恼　因我而起…………………133
少时思老　荣时思枯…………………134
人情世态　倏忽万端…………………134
热中取静　冷处热心…………………134
寻常人家　最为安乐…………………135

10

乾坤自在	物我两忘	136
生死成败	任其自然	136
水流境静	花落意闲	136
自然乐曲	乾坤文章	137
溪壑易填	人心难满	137
心无风涛	性有化育	138
贵贱高低	自适其性	138
鱼得水游	鸟乘风飞	139
盛衰无常	强弱安在	140
宠辱不惊	去留无意	140
高天可翔	万物可饮	140
求心内佛	却心外法	141
冷情当事	如汤消雪	141
物欲可哀	性真可乐	142
胸无物欲	眼自空明	142
林岫江畔	诗兴自诵	142
伏久飞高	开先谢早	143
花叶成梦	玉帛成空	144
真空不空	在世出世	144
欲有尊卑	贪无二致	145
覆雨翻云	总慵开眼	146
前念后念	随缘打发	146
偶会佳境	自然真机	146
性天澄澈	何必谈禅	147
人有真境	即可自愉	147
幻以求真	雅中求俗	148
俗眼观异	道眼观常	148
布被神酣	藜羹味足	148
了心悟性	俗即是僧	149

万虑都捐　一真自得……………150
天性未枯　机神触事……………150
把柄在手　收放自如……………150
造化人心　混合无间……………151
文以拙进　道以拙成……………152
以我转物　大地逍遥……………152
形影皆去　心境皆空……………153
任其自然　总在自适……………154
思及生死　万念灰冷……………155
福祸生死　须有卓见……………155
妍丑胜负　今又安在……………155
风花竹石　静闲得之……………156
天全欲淡　人生至境……………156
本真即佛　何待观心……………156
悬崖撒手　苦海离身……………157
修行绝尘　悟道涉俗……………158
人我一视　动静两忘……………158
山居清洒　入尘即俗……………159
野鸟作伴　白云无语……………159
念头稍异　境界顿殊……………160
水滴石穿　瓜熟蒂落……………160
机息有风月　心达无喧器………160
生生之意　天地之心……………161
雨后山清　静中钟扬……………162
雪夜读书　神清气爽……………162
万钟一发　存乎一心……………162
以我转物　驾驭欲念……………163
就身了身　以物付物……………164
抱身心忧　耽风月趣……………164

一念不生　处处真境……………164
顺逆一视　欣戚两忘……………165
空谷巨响　过而不留……………166
世亦不尘　海亦不苦……………166
履盈满者　宜慎思之……………166
任其自然　不受点染……………167
观物自得　不在物华……………168
隐于不义　生不若死……………168
着眼要高　不落圈套……………168
根蒂在手　不受提掇……………169
无事为福　雄心冰融……………170
茫茫世间　矛盾之窟……………170
身在事中　心超事外……………170
不减求增　桎梏此生……………171
满腔和气　随地春风……………172
超越嗜欲　只求真趣……………172
万事随缘　随遇而安……………173

栖守道德　毋依权贵

栖守道德者，寂寞一时；依阿权势者，凄凉万古。达人观物外之物，思身后之身；宁受一时之寂寞，毋取万古之凄凉。

【译文】

能信守道德的人，寂寞也只是一时而已；依附权贵的人，永生都凄凉。精通道理的人观察事物是看它的本质，所考虑的是死后的名声。故此，宁可寂寞一时，也不求永生的凄凉。

与其练达　不若朴鲁

　　涉世浅，点染亦浅；历事深，机械亦深。故君子与其练达，不若朴鲁；与其曲谨，不若疏狂。

【译文】

　　社会阅历浅的人，所受的世俗熏染也少；经历丰富的人，防范意识也越强，时时处处设防。君子与其老于世故，还不如朴实厚道为好；与其曲意迎奉、谨小慎微，还不如大度、直率为好。

心地光明　才华韫藏

　　君子之心事，天青日白，不可使人不知；君子之才华，玉韫珠藏，不可使人易知。

【译文】

　　学问与修养高的人可谓君子，其心中所思所想，若青天白日般光明磊落，没有什么不可让人知道的；君子的才华能力，应像珍藏宝玉珍珠那样，不可随便显露。

污泥不染　机巧不用

　　势利纷华，不近者为洁，近之而不染者为尤洁；知械机巧，不知者为高，智之而不用者为尤高。

【译文】

　　名誉地位钱财繁华耀眼，不去接近它，可谓心灵纯洁的表现，接近了却不受污染，是心灵更为纯洁的表现。对计谋权术这类东西，不去研究它的人可谓高尚，而了解它却不去使用，则更为高尚。

菜 根 谭

闻逆耳言　　怀拂心事

耳中常闻逆耳之言，心中常有拂心之事，才是进德修行的砥石。若言言悦耳，事事快心，便把此生埋在鸩毒中矣。

【译文】

耳朵里常常听到一些不顺耳的话，心里常常有一些不顺心的事，惟此才是陶冶德行、修身养性的一种磨练办法。如若所听到的话都顺耳，所遇到的事都称心如意，那就像将自己的一生全部浸泡在甜蜜的毒药中一样。

和气喜神　　天人一理

疾风怒雨,禽鸟戚戚;霁日光风,草木欣欣。可见天地不可一日无和气,人心不可一日无喜神。

【译文】

疾风暴雨让鸟兽都觉得悲凉,风和日丽让草木都欣欣向荣。可见人世间不可一日没有和气,人心不可一日没有喜乐。

真味是淡　　至人如常

肥辛甘非真味,真味只是淡;神奇卓异非至人,至人只是常。

【译文】

烈酒、肥肉、辛辣、甘甜并非真正的美味,真正的美味是清淡。神奇卓越异乎寻常的人并非无缺的人,完美无缺的人只是平平常常的人。

闲时吃紧　　忙时悠闲

天地寂然不动,而气机无息稍停;日月昼夜奔驰,而贞明万古不易。故君子闲时要有吃紧的心思,忙处要有悠闲的趣味。

【译文】

天地看上去沉寂不动,实际上阴阳之气一刻也没有停止运动。太阳与月亮昼夜不停地运转,它们的光亮盘古至今没有丝毫改变。因此,君子在闲暇时应有紧迫感,忙碌时应有悠闲的情致。

菜根谭

静坐观心　　真妄毕现

夜深人静独坐观心,始觉妄穷而真独露,每于此中得大机趣;既觉真现而妄难逃,又于此中得大惭忸。

【译文】

夜深人静时,一个人坐下来静观自己的内心深处,才开始觉得虚幻的东西没有了,人性中的真显露了出来。每逢这个时候,才领悟到人生的意趣所在。人性中的真虽已显露,可虚幻不实依然难于去除,此时又感到惭愧不已。

得意早回头　拂心莫停手

恩里由来生害，故快意时，须早回首；败后或反成功，故拂心处莫便放手。

【译文】

得到恩惠有时反而会招来祸害，所以在快意时要及早回头。失败或许有助于成功，所以在不遂心愿时切莫放弃努力。

志从淡泊来　节在肥甘丧

藜口苋肠者，多冰清玉洁；锦衣玉食者，甘婢膝奴颜。盖志以澹泊明，而节从肥甘丧也。

【译文】

惯于吃粗茶淡饭的人，大多具有冰清玉洁的品格。追求锦衣玉食的人，多为奴颜婢膝的人。因此，淡泊名利可显出高尚的志趣，不过，高尚的志趣也会在锦衣玉食中丧失。

田地放宽　恩泽流长

面前的田地，要放得宽，使人无不平之叹；身后的惠泽，要流得久，使人有不匮之思。

【译文】

待人接物要放宽心胸，给人留下充分的立足之地，让他人不会有不平的慨叹；死后所留下的福泽是长久的，让后人有不尽的怀念。

菜 根 谭

路留一步　味减三分

径路窄处，留一步与人行；滋味浓的，减三分让人尝。此是涉世一极安乐法。

【译文】

遇有狭窄的道路时，要留一步让他人走过去。遇有味美的食物，须留三分味让他人品尝。这是一种极好的处世安乐之道。

脱俗成名　　减欲入圣

作人无甚高远事业，摆脱得俗情，便入名流；为学无增益功夫，减除得物累，便超圣境。

【译文】

做人无须追求什么高远的事业，只要能摆脱世俗的缠绕，便可成为名流。做学问无须什么特殊的本领，只要能摆脱功名利禄的束缚，便会超越圣人的境界。

侠心交友　　素心做人

交友带三分侠气，做人要存一点素心。

【译文】

结交朋友要有侠义之气，待人接物要有朴实真诚之意。

利毋居前　　德毋落后

宠利毋居人前，德业毋落人后，受享毋逾分外，修为毋减分中。

【译文】

获取利益和欢心的事不要抢在别人前面，修练德行、做事业不要落在别人后面，获得享用的东西不应超过分内应得的，修练心性不应降低应有的标准。

忍让为高　　利人利己

处世让一步为高,退步即进步的张本;待人宽一分是福,利人实利己的根基。

【译文】

待人处世让人一步是高明的,退让一步是大步前行的必要之举。对待他人宽容一点便是福气,利于他人也是利于自己的根基。

矜则无功　　悔可减过

盖世功劳，当不得一个矜字；弥天罪过，当不得一个悔字。

【译文】

一个人即使立下盖世功劳，也不得恃功自傲。一个人即便犯下弥天大罪，只要能悔过自新，也是可取的。

美名不独享　　责任不推脱

完名美节，不宜独任，分些与人，可以远害全身；辱行污名，不宜全推，引些归己，可以韬光养德。

【译文】

完美的声誉与美好的节操，不应独自拥有，应同他人共同分享，方可避免灾祸殃及自身。让人受辱的行为与污秽的名声，不应全然推到别人身上，自己应主动承担一些，惟此方可遮掩自己的锋芒，修练自己的德行。

功名不求盈满　　做人恰到好处

事事留个有余不尽的意思，便造物不能忌我，鬼神不能损我；若业必求满，功必求盈者，不生内变，必招外忧。

【译文】

做每件事都能留有余地，造物主便不会忌恨自己，鬼神也不会伤害自己。事业若求得盈满，功名若求得极高，即便内部不发生变动，也必有外忧之存在。

诚心和气　　胜于观心

家庭有个真佛，日用有种真道，人能诚心和气，愉色婉言，使父母兄弟间，形骸两释，意气交流，胜于调息观心万倍矣！

【译文】

家庭里若有一种信仰，日常生活中若遵循一种原则，家人就会相互诚心对待，就会平和相处，就会面带笑容以委婉的口气去说话。这样，父母兄弟之间就会相处融洽，相互了解，相互影响。如此一来，要胜过坐禅调息、观心内省万倍。

云止水中　动寂适宜

好动者,云电风灯;嗜寂者,死灰槁木。须定云止水中,有鸢飞鱼跃气象,才是有道的心体。

【译文】

好动的人若闪电般忽来忽去,又似风中孤灯那样忽明忽暗;嗜好安静的人若死灰与枯木一般,这两种状况都不好。应该仿效在云中平稳飞翔的鸢鸟和静止的水中跳跃的鱼儿。以这种动静结合的方式作为自己行动的标准,就会达到道的高妙境界。

责恶勿太严　教善勿太高

攻人之恶,毋太严,要思其堪受;教人以善,毋过高,当使其可从。

【译文】

批评别人的恶习,不宜太苛严,要考虑到对方的承受力;教人做善事,不宜要求过高,要让对方能够做得到。

洁常自污出　明每从暗生

粪虫至秽,变为蝉而饮露于秋风;腐草无光,化为萤而耀采于夏月。因知洁常自污出,明每从晦生也。

【译文】

粪土中生存的虫子着实肮脏,可它一旦蜕变为蝉后,便于秋风中吸着露水。腐烂的草堆不会发出光亮,可它育出的萤火虫却能在夏夜里闪出点点光亮。由此可知,洁净的东西往往来自于污秽当中,光明的东西往往孕育于晦暗之中。

菜 根 谭

伸张正气　　再现真心

矜高倨傲，无非客气；降服得客气下，而后正气伸。情俗意识，尽属妄心；消杀得妄心尽，而后真心现。

【译文】

人有清高骄傲之气，无非是以言不由衷的话语浮夸罢了。只有将浮夸的毛病去掉，正气才能伸张。情欲俗念都是不正当的念头，只有消除这种念头，人的本心才会显现。

事悟痴除　　性定动正

饱后思味，则浓淡之境都消；色后思淫，则男女之见尽绝。故人常以事后之悔悟，破临事之痴迷，则性定而动无不正。

【译文】

吃饱喝足之后再去思谋饭食的味道，饭食的浓淡之味已难以体味出；色欲满足以后，再去回味当时的交媾情景，已然难以激起对性的渴求。所以，人们若能常常从事后的悔恨之情来消除对眼前的人或事的痴迷，则完全可以保持自己的美好本性，做任何事都会端正平稳。

志在林泉　　胸怀廊庙

居轩冕之中，不可无山林的气味；
处林泉之下，须要怀廊庙的经纶。

【译文】

一个人做到高官、拿到厚禄，不可少了山林中那种淡泊名利的胸怀；隐居山林的人，也必须有治理国家的远大抱负。

无过是功　　无怨是德

处世不必邀功，无过便是功；
与人不求感德，无怨便是德。

【译文】

人生在世不必刻意去争取功劳，其实不犯过失就已是功劳了。不必求别人对自己感恩戴德，只要别人不怨恨自己，就是最大的德了。

忧勤勿过　　待人勿枯

忧勤是美德,太苦则无以适性怡情;澹泊是高风,太枯则无以帮助别人利于社会。

【译文】

尽力而为,勤于做事,便是美德。若过分苛求自己,将自己弄得苦不堪言,则无益于陶冶自己的性情。淡泊名利本来是一种高尚的品格,但与世隔绝,不介入社会生活,就不可能做帮助别人利于社会的事。

原其初心　　观其末路

事穷势蹙之人，当原其初心；功成行满之士，要观其末路。

【译文】

若有谁遭受了事业上的挫折，陷入穷蹙之状，那就该当体恤此人当初的本意是想做成事业的。对那些事业成功、取得圆满佳绩的人，需要观察其日后能否保得住往日的成功业绩。

富宜宽厚　　知宜敛藏

富贵家宜宽厚，而反忌刻，是富贵而贫贱其行矣，如何能享？聪明人宜敛藏，而反炫耀，是聪明而愚懵其病矣，如何不败？

【译文】

富贵人家应对人宽厚，不应对人忌恨刻薄。虽说是富贵人家，而做法却是贫贱人家那一套，又怎能享有长久不衰的富贵生活呢？聪明人应敛藏自己的才华，而炫耀自己才华的做法，同愚蠢的人就毫无二致了。那样的话，这种聪明的人怎能不遭受失败呢？

登高思危　　少言勿躁

居卑而后知登高之为危，处晦而后知向明之太露；守静而后知好动之过劳，养默而后知多言之为躁。

【译文】

身处低下之处，方知登高确有危险；身处暗处，方知明亮处太耀眼；安守清静之后方知好动的确太劳累；保持沉默、静心养神之后方知说话太多会导致烦躁难宁。

菜 根 谭

放得功名　　即可脱俗

放得功名富贵之心下,便可脱凡;放得道德仁义之心下,才可入圣。

【译文】

能抛开功名富贵,便能超脱世俗的套套;能丢开仁义道德的束缚,便可进入圣人的境界。

偏见害人　　聪明障道

利欲未尽害心，意见乃害心之蟊贼；声色未必障道，聪明乃障道之藩屏。

【译文】

名利与欲求不一定都会损害人的心性，而固执己见、不听人劝却是损害人心性的毒虫；歌舞与女色不一定都会妨害一个人的道德修养，而自作聪明却是妨害一个人道德修养的障碍。

知退一步　　加让三分

人情反复，世路崎岖。行不去处，须知退一步之法；行得去处，务加让三分之功。

【译文】

世间人与人之间的情谊变化无常，反复不定。人生道路充满崎岖艰难。在人生道路上凡走不通的地方，一定要懂得退让一步、让他人先行的道理；在走得过去的地方，一定要给他人让三分的便利。

不恶小人　　有礼君子

待小人，不难于严，而难于不恶；待君子，不难于恭，而难于有礼。

【译文】

对待小人，要做到苛严并非难事，难的倒是怎样不去厌恶他；对待君子，要做到恭敬并非难事，难的倒是以适当的礼节对待他。

菜 根 谭

正气清白　　留于乾坤

宁守浑噩而黜聪明，留些正气还天地；宁谢纷华而甘澹泊，遗个清白在乾坤。

【译文】

宁可保持无知无识的样子，也要将聪明过头革除掉，留些正气给天地；宁可谢绝繁华富丽，也要心甘情愿过淡泊的生活，给天地留个清白的名声。

菜根谭

降魔先降心　　驭横先驭气

降魔者，先降自心，心伏，则群魔退听；驭横者，先驭此气，气平，则外横不侵。

【译文】

要降伏魔鬼，须先去除自己心中的邪念。只要去除了自己心中的邪念，群魔则都会被降伏。要抵御横逆之举，首先要不被他的气焰所吓倒，保持一个无畏无俱的心态，这样，外来的横逆之举就不会侵扰。

教育子弟　　要严交游

教弟子如养闺女，最要严出入谨交游；若一接近匪人，是清净田中下一不净的种子，便终身难植嘉禾矣！

【译文】

教育弟子如养闺中的女儿一般，最要紧的是严格限制其出入，留心其结交什么样的朋友。弟子一旦结交了坏人，便像在清净的土地里撒下不良的种子，永远也不会种出好庄稼了。

欲路勿染　　理路勿退

欲路上事，毋乐其便而姑为染指，一染指便深入万仞；理路上事，毋惮其难而稍为退步，一退步便远隔千山。

【译文】

欲念之事，切不可因为方便实现而暂时沾染。一旦沾染上了，便会坠入可怕的深渊。合乎事理的事，切不可因怕其难而稍有却步，一旦却步，便同正理相隔千山。

菜 根 谭

不可浓艳　　不可枯寂

念头浓者，自待厚，待人亦厚，处处皆浓；念头淡者，自待薄，待人亦薄，事事皆淡。故君子居常嗜好，不可太浓艳，亦不宜太枯寂。

【译文】
对人世间的万事万物都存有很多想头的人，会厚待自己，也会厚待他人，处处都会想得深，做得透彻。对人世间万事万物的想头淡漠的人，对自己也慢待，对他人也慢待，事事都淡漠处之。因此，君子的日常嗜好既不可太奢华，也不可太枯燥。

菜 根 谭

超越天地　　不入名利

彼富我仁，彼爵我义，君子故不为君相所牢笼；人定胜天，志一动气，君子亦不受造物之陶铸。

【译文】

别人贪求富贵，我却追求仁爱；别人满足于爵位，我却崇尚公正合宜的道德。君子不会被君王与臣子所给予的荣华富贵所束缚。人一定能胜过自然，意志坚定则能转化为无穷的气力。君子也不会一成不变，而会不断改造和提高自己。

高一步立身　　退一步处世

立身不高一步立，如尘里振衣，泥中濯足，如何超达？处世不退一步处，如飞蛾投烛，羝羊触藩，如何安乐？

【译文】

立身若不能立于至高之境，就像在灰尘中抖衣服，在泥里洗脚一般，如何谈得上超凡通达呢？处世为人若不退一步让着人，就像飞蛾扑烛，公羊以角碰藩篱那样，何以谈得上安乐呢？

修德忘名　　读书深心

学者要收拾精神，并归一路。如修德而留意于事功名誉，必无实诣；读书而寄兴于吟咏风雅，定不深心。

【译文】

做学问须全神贯注，专心于所研究的事业。修练德行时若依旧留心于事业的成功与名誉的宣扬，必定不会达到高深的造诣。读书时若把兴致寄托于诵读诗文讲究风雅，则不会深入内心深处。

一念之差　　失之千里

人人有个大慈悲，维摩屠刽无二心也；处处有种真趣味，金屋茅檐非两地也。只是欲闭情封，当面错过，便咫尺千里矣。

【译文】

人人都有慈悲之心，维摩与屠夫刽子手没有什么两样。人世间处处都有真趣味，金宅与茅草屋也并没有什么两样。只是人的欲念与私情常常遮蔽了自己的心，将慈悲之心和真趣味错过，看似近在咫尺，实则相距千里。

菜根谭

有木石心　具云水趣

进德修道，要个木石的念头，若一有欣羡，便趋欲境；济世经邦，要段云水的趣味，若一有贪著，便坠危机。

【译文】

一个人若想修养德行、修练道行，必须具有木石般坚强的意志，一旦欣赏羡慕人世间功名利禄，就会走向贪求欲望的境地。凡立志救济世间贫弱之人并治理国家者，须具有一种行云流水的情趣，若稍有贪求名利浮华的念头，便会陷入危机。

善人和气　凶人杀气

善人无论作用安详，即梦寐神魂，无非和气；凶人无论行事狠戾，即声音笑语，浑是杀机。

【译文】

善人且不说言谈举止显得安详，即便是睡梦中的神态也显得安详和气；凶恶的人且不说做事既狠毒又凶暴，即便是说话的声调及笑声中也充满了杀机。

菜 根 谭

君子无祸　勿罪冥冥

　　肝受病,则目不能视,肾受病,则耳不能听;病受于人所不见,必发于人所共见。故君子欲无得罪于昭昭,先无得罪于冥冥。

【译文】

　　一个人肝脏患了病,眼睛的视力则受阻;肾脏患了病,耳朵的听力则受阻。疾病之所在人们难以看得见,不过疾病的症状人们都能看得见。因此,君子要想于明处不显出自己的过失,就得首先于暗处也无过失。

多心为祸　少事为福

　　福莫福于少事,祸莫祸于多心。惟苦事者,方知少事之为福;唯平心者,始知多心之为祸。

【译文】

　　人的福分莫过于尽量少担事,人的祸患莫过于心计太重。惟有苦于应付诸多事情的人,才能体会到少担事所带来的福分;惟有心静如水的人,才能知道心计太重带来的祸患。

菜根谭

当方则方　　当圆则圆

处治世宜方，处乱世当圆，处叔季之世当方圆并用；待善人宜宽，待恶人当严，待庸众之人当宽严互存。

【译文】

处于太平盛世，处世应正直不阿；处于乱世，为人处世应圆滑；处于衰亡的时代，则应正直不阿与圆滑并用。对待善良的人应宽容，对待恶人应当严厉，对待平庸的众生应宽严并用。

忘功念过　　忘怨念恩

我有功于人不可念，而过则不可不念；人有恩于我不可忘，而怨则不可不忘。

【译文】

我对别人有过好处，不可总是念念不忘；我有过失，则不可不记在心里。他人有恩于我，我不可忘记；他人对我有怨恨，我不可不将它忘掉。

施之不求　　求之无功

施恩者，内不见己，外不见人，则斗粟可当万钟之惠；利物者，计己之施，责人之报，虽百镒难成一文之功。

【译文】

向别人施恩的人，不必将施恩之举总挂在心上，也不必有意向外界宣扬。如此做来，哪怕是向别人施舍了一斗粟，也会得到万钟粟的回报。向别人施舍财物的人，若计较自己的施舍之举，一心求得对方的报答，即便是施舍了百镒（古代一镒为二十两，又说二十四两——译者注）黄金，也很难成就一文钱的功德。

相观对治　　方便法门

人之际遇，有齐有不齐，而能使己独齐乎？己之情理，有顺有不顺，而能使人皆顺乎？以此相观对治，亦是一方便法门。

【译文】

人一生的际遇总是顺利与不顺利相交着，难道总能让自己顺当吗？自己的情绪有好的时候，也有烦心怄气的时候，怎么能使人事事都顺心如意呢？以此种考虑问题的方法来对照，也算是一种修炼自身品格的上好之法。

菜根谭

心地干净　　方可学古

心地干净，方可读书学古。不然，见一善行，窃以济私，闻一善言，假以覆短，是又藉寇兵而济盗粮矣。

【译文】

只有心地干净的人，才有资格读诗书，学习古代圣人的高贵品格。不然的话，看到一种善举，就想偷偷地用以谋取私利；听到一句好听的话，就想用来掩盖自己的短处。如此做法，无异于向强盗提供武器，向盗贼提供食粮，不利于自己的修炼。

崇俭养廉　　守拙全真

奢者富而不足，何如俭者贫而有余；能者劳而府怨，何如拙者逸而全真。

【译文】

奢侈的人即便再富有，也不会满足，如何能同虽贫寒但因节俭反而有富余的人相比呢？有本事的人苦苦辛劳，反招世人的怨恨。如此说来，还不如愚笨的人整日安闲无事做，反倒得了纯真的美名。

学以致用　　立业种德

读书不见圣贤,如铅椠庸;居官不爱子民,如衣冠盗;讲学不尚躬行,如口头禅;立业不思种德,如眼前花。

【译文】

读书而不发现古代圣贤的才德,则只会变成个写字匠;做官而不爱惜百姓,就好像穿着官服的强盗;讲习学问而不亲身实行,就如一个只会念经而不懂佛理的和尚;创建事业而不注重积德就会像昙花一现的事物那样。

扫除外物　　直觅本来

人心有一部真文章,都被残篇断简封锢了;有一部真鼓吹,都被妖歌艳舞淹没了。学者须扫除外物,直觅本来,才有个真受用。

【译文】

人的心中,原本各有一部真正的好文章,只是被残篇断简给封闭住了;每人心中都有一部真正的好乐曲,只是被那妖冶的歌声与娇艳的舞蹈淹没了。做学问的人必须扫除外界的各种诱惑,直接去寻觅人本来具有的善心,惟此才能真正身心舒畅。

苦中有乐　　得意生悲

苦心中,常得悦心之趣;得意时,便生失意之悲。

【译文】

为做成事情而煞费苦心,且常常因取得进展而甚感乐趣无穷。得意时,要想到一旦失意所带来的悲伤。

菜根谭

富贵名誉　　来自道德

富贵名誉,自道德来者,如山林中花,自是舒徐繁衍;自功业来者,如盆槛中花,便有迁徙兴废;若以权力得者,如瓶钵中花,其根不植,其萎可立而待矣。

【译文】

富贵与名誉若是因道德高尚而得来的,就像山林中的花草那样,会繁盛且繁衍下去;若是因建立功业而得来的,就像花盆中的花草那样,会因迁徙而兴盛或者衰微;若是靠权力得来的,就像插入花瓶中的花,因其根不是植于泥土中,很快就会枯萎。

花铺好色　　人行好事

春至时和,花尚铺一段好色,鸟且啭几句好音。士君子幸列头角,复遇温饱,不思立好言,行好事,虽是在世百年,似未生一日。

【译文】

春天来临,风和日丽,花草尚且呈现一片美色,鸟儿尚且婉转动听地叫几声。读书人若有幸出人头地,再过上温饱的日子,而不再考虑撰写济世的良言,不再考虑做利民的善事;那么,即便活上一百岁,也好像在世上连一天也没活过。

兢业的心思　　潇洒的趣味

学者有段兢业的心思，又要有段潇洒的趣味。若一味敛束清苦，是有秋杀无春生，何以发育万物？

【译文】

做学问的人既要有认真求学的决心，又要有潇洒的气派。若一味地约束自己，总是过着清苦的生活，那就好比老天爷只有秋天收敛萧瑟之气，而无春天生机勃发之气，何以生育万物呢？

立名者贪　　用术者拙

真廉无廉名,立名者正所以为贪;大巧无巧术,用术者乃所以为拙。

【译文】

真正清廉的人,其实并无清廉的名声。为自己立名声的人,是因为他太贪图名声。真正具有大的技巧的人,并不玩弄巧术,玩弄巧术的人才是真正的笨拙之人。

宁虚勿溢　　宁缺勿全

欹器以满覆,扑满以空全。故君子宁居无不居有,宁居缺不处完。

【译文】

为儆戒人不可自满的欹(qī)器,装一半水之时它能直立,现在欹器所以倾覆,是因为水装得太满。装钱用的瓷罐扑满,因为还有空隙,所以现在还保持着完整。因此,君子宁可不做什么,也不去贪得太多;宁可有所欠缺,也不去追求什么完满。

拔去名根　　融化客气

名根未拔者,纵轻千乘甘一瓢,总堕尘情;客气未融者,虽泽四海利万世,终为剩技。

【译文】

追求名利的想法若不根除,纵然貌似藐视拥有上千辆马车的那般高官,情愿过一瓢饮的苦寒生活,可最终也得坠入尘世间的名利场。外界的诱惑未能被自身的正气融化掉,尽管此人的恩泽能惠及天下所有的人,且给后世带来利益,其所有作为最终也不免成为多余的做法。

心体光明　　暗室青天

心体光明,暗室中有青天;念头暗昧,白日下有厉鬼。

【译文】

　　心中光明磊落,纵然处于黑暗之处,也像立身于青天之下一样;心中所想暗昧,纵然处于青天白日之下,也会觉得厉鬼缠身。

菜 根 谭

无名无位　　无忧无虑

人知名位为乐，不知无名无位之乐为最真；人知饥寒为忧，不知不饥不寒之忧为更甚。

【译文】

世人只知道有了名声与地位就是快乐，却不知没有名声与地位的人才最为快乐；世人只知道饥寒是种忧愁，却不知不受饥寒困扰的人有着更为忧愁的事情。

恶畏犹善　　显善存恶

为恶而畏人知，恶中犹有善路；为善而急人知，善处即是恶根。

【译文】

做了坏事，又怕别人知道，尽管这是作恶，可恶中也流露出一些向善的意思；做了善事又急于张扬的人，其行善之举同时埋下了祸恶之根。

居安思危　　天亦无用

天之机缄不测，抑而伸，伸而抑，皆是播弄英雄，颠倒豪杰处。君子只是逆来顺受，居安思危，天亦无所用其伎俩矣。

【译文】

上天的谋划难以预测，它可以让英雄豪杰先坠入困境，而后再进到顺境。这都是上天对英雄豪杰的捉弄，使他们颠来倒去，经历磨难，而后有所成功。君子若能逆来顺受，居安思危，上天也无法向他们施展什么伎俩了。

偏激之人　　难建功业

燥性者火炽,遇物则焚;寡恩者冰清,逢物心杀;凝滞固执者,如死水腐木,生机已绝,俱难建功业而延福祉。

【译文】

暴躁的人好似炽烈的火焰,遇事就会爆发出火性子来;寡恩薄情的人,似冰那般冷漠,遇到事情就生杀机;思想僵化、固执己见的人,宛若一潭死水,一段朽木,任何新的东西都引不起他们的兴趣。以上这些人很难建功立业,很难将幸福传给子孙后代。

菜 根 谭

愉快求福　　去怨避祸

福不可徼，养喜神，以为招福之本而已；祸不可避，去杀机，以为远祸之方而已。

【译文】

福分不可强求，保持快乐的心态，才是享有幸福的根本之所在；祸患难以逃脱，去掉心中的杀机，才是远离祸患的良策。

宁默毋躁　　宁拙毋巧

十语九中，未必称奇，一语不中，则愆尤骈集；十谋九成，未必归功，一谋不成，则訾议丛兴。君子所以宁默毋躁，宁拙毋巧。

【译文】

十句话有九句都说对了，人们也未必会称赞，可只要有一句说得不准，各种罪名则落于一身。十种谋略有九种都成功了，人们也未必将功劳归于你，可只要有一种谋略不成功，议论与非难则铺天盖地而来。故此，君子宁可沉默不语，也不要多言浮躁，宁可显得笨拙，也不要露出自己有什么技巧与本领。

热心之人　　其福亦厚

天地之气，暖则生，寒则杀。故性气清冷者，受享亦凉薄；惟和气热心之人。其福亦厚，其泽亦长。

【译文】

天地之间，温暖则使万物生长，寒冷则使万物萧条。因此，清高冷漠之人，他所得到的也是冷漠与薄情。惟有待人和气热心的人，才可得到厚的福分与长久的恩泽。

天理路广　　人欲路窄

天理路上甚宽，稍游心，胸中便觉广大宏朗；人欲路上甚窄，才寄迹，眼前俱是荆棘泥涂。

【译文】

天理之路甚为宽广，稍微放开胸怀去坦荡地走，便会觉得心胸博大，前程广阔而明朗。追求欲望的路甚为狭窄，一踏上此路，便感到面前布满了荆棘与烂泥。

磨练福久　　参勘知真

一苦一乐相磨练，练极而成福者，其福始久；一疑一信相参勘，勘极而成知者，其知始真。

【译文】

历经着苦与乐的磨练，一旦磨练到极点则会获得长久的幸福。对学问的探求既存疑，又存信，二者相交叉，反复核对验证，核对到极点方可获得确信无疑的学问，且这种学问才是真正的学问。

虚心明理　　实心却欲

心不可不虚，虚则义理来居；心不可不实，实则物欲不入。

【译文】

人不可不虚心，虚心才会具有公正合宜的道德，才会讲道理；人不可不坚定主意，坚定主意，才会远离功名利禄的引诱。

宽宏大量　　胸能容物

地之秽者多生物，水至清者常无鱼；故君子当存含垢纳污之量，不可持好洁独行之操。

【译文】

肮脏的地方反而生长着许多生物，而特别清的水中却常常没有鱼。故此，君子应有包容他人过失的度量，不可自认清高而独来独往。

多病未羞　　无病是忧

泛驾之马可就驰驱,跃冶之金终归型范。只一优游不振,便终身无个进步。白沙云:"为人多病未足羞,一生无病是吾忧。"真确论也。

【译文】

野马经人驯养,可以驾车驰骋,飞溅于熔炉之外的金属,还可将它捡起来重新熔化,放在模型里铸成器具。人要是游手好闲,不振作精神,一辈子都不会有什么出息。白沙说得好:"一个人有各种毛病,并不是可耻的事,而一辈子都看不到自身的毛病,这才是使人担忧的事。"这些议论说得太精确了。

菜 根 谭

一念贪私　　坏了一生

人只一念贪私,便销刚为柔,塞智为昏,变恩为惨,染洁为污,坏了一生人品。故古人以不贪为宝,所以度越一世。

【译文】

人只要有一闪念的贪图私利,其刚直的个性就会变为柔弱,智慧就会变为昏庸,善心就会变为残忍,纯洁就会变为污浊。此人一生的人品就会极大地受损。故此,古人将不贪视作一个人的宝贵品格,有了它在物欲横流的时代即能超脱。

心中亮堂　　不受诱惑

耳目见闻为外贼,情欲意识为内贼。只是主人翁惺惺不昧,独坐中堂,贼便化为家人矣。

【译文】

耳朵听到美妙诱人的声音,眼睛看到漂亮的女子,这些外界的诱惑皆为外来的贼。色欲与欲念皆为深藏于内心的贼。只要当家的人头脑清醒、不糊涂,且独坐中堂,外贼与内贼就会变成有益的,像家人一样了。

保已成业　　防将来非

图未就之功,不如保已成之业;悔既往之失,不如防将来之非。

【译文】

与其谋求未成就的事业,还不如全力保护已经成功的事业;后悔既往的过失,还不如预防将来会发生的过错。

培养气度　　不偏不颇

气象要高旷,而不可疏狂;心思要缜密,而不可琐屑;趣味要冲淡,而不可偏枯;操守要严明,而不可激烈。

【译文】

胸怀要高远旷达,而不可狂妄无忌;思考要缜密,而不可琐碎;趣味要淡化,而不可只偏于某一方面;要有廉洁正直且严明的品德,而不可刚烈偏激。

风不留声　雁不留影

风来疏竹，风过而竹不留声；雁渡寒潭，雁去而潭不留影。故君子事来而心始现，事去而心随空。

【译文】

风吹过稀稀拉拉的竹林时发出响声，而风吹过之后，竹林里决不会留下风声；大雁飞过寒冷的潭时潭面上映出大雁的身影，而大雁飞过之后，潭面上决不会留下大雁的影子。故此，君子面临事情时会显现出自己原本的性情，事情过后心就会平静下来。

君子懿德　中庸之道

清能有容，仁能善断，明不伤察，直不过矫，是谓蜜饯不甜，海味不咸，才是懿德。

【译文】

清明而能够容忍让他人之过失，仁爱而能够辨明是非，明达而不会损害明察事理，刚直而能不偏执过分。这就是所说的蜜饯并不太甜，海水并不太咸，这才是一种真正的美德。

穷当益工　不失风雅

贫家净扫地，贫女净梳头，景色虽不艳丽，气度自是风雅。士君子一当穷愁寥落，奈何辄自废弛哉？

【译文】

贫寒的人家将地扫得干干净净，穷人家的女子将头梳得很整齐。这样的院落和打扮虽不富丽华美，可气度却很雅致。读书人一旦穷困潦倒时，又怎能随便自弃而懈怠呢？

未雨绸缪　　有备无患

　　闲中不放过，忙处有受用；静中不落空，动处有受用；暗中不欺隐，明处有受用。

【译文】

　　闲暇时不白白浪费时光，做好充分准备，一旦忙起来便能用得上所准备妥的东西；平静时不空享安宁，要有所运作与准备，待到事态有所变动时则能沉着应对；背着人不做欺人隐秘的恶事，那么在公开的场合此人必会得到应得的好处。

念头起处　　切莫放过

念头起处，才觉向欲路上去，便挽从理路上来。一起便觉，一觉便转，此是转祸为福，起死回生的关头，切莫轻易放过。

【译文】

念头若生出，发觉将走上邪路，便须立即遏止住，以走上正路。一经发觉是邪恶的念头，便立即转向，这正是转祸为福、起死回生的关头，万不可轻易放过。

静闲淡泊　　观心证道

静中念虑澄澈，见心之真体；闲中气象从容，识心之真机；淡中意趣冲夷，得心之真味。观心证道，无如此三者。

【译文】

于静中念虑清澈澄明，足见心性的原本了；于闲暇中做到从容自如，足见心中的玄机之所在了；淡泊中意趣淡然，足见心中的真正趣味是什么了。深察内心，验证道理，没有什么能比得上以上这三者了。

动中真静　　苦中真乐

静中静非真静，动处静得来，才是性天之真境；乐处乐非真乐，苦中乐得来，才是心体之真机。

【译文】

静中的静并非真的静，由动处得来的静才是人的天性中真正静的境界。乐处的乐并非真的乐，苦中得来的乐才是人的天性中真正的快乐之境。

舍己勿疑　　施恩勿报

舍己毋处其疑，处其疑，即所舍之志多愧矣；施人毋责其报，责其报，并所施之心俱非矣。

【译文】

做了舍己为人的事，就不要疑疑惑惑。若疑惑自己舍己为人之行为，那么舍己为人的心意就会蒙上羞色。施恩于他人不必求得什么回报，凡求得回报的，其施恩的本意就是错误的。

菜 根 谭

厚德积福　　逸心补劳

天薄我以福,吾厚吾德以迓之;天劳我以形,吾逸吾心以补之;天厄我以遇,吾亨吾道以通之。天且奈我何哉?

【译文】

上天给我的福分浅薄,我则强化修炼我的德行以直面那浅薄的福分;上天使我的躯体劳累,我则和乐我的心情以作为补救;上天使我陷于穷困,我则完善我的道德以使之亨通。上天又能把我怎么样呢?

菜 根 谭

天机最神　　智巧何益

　　贞士无心徼福，天即就无心处牖其衷；险人着意避祸，天即就着意中夺其魄。可见天之机权最神，人之智巧何益？

【译文】
　　操守高洁的人并不刻意求得福分，而上天就在其无意间让他实现了自己的心愿；阴恶不正派的人专心在意躲避凶祸，而上天就在其刻意躲避处将他的魂魄夺走。可见上天的灵机妙算是何等的神，而人的智谋技巧又能有什么用呢？

人生态度　　晚节更重

　　声妓晚景从良，一世之烟花无碍；贞妇白头失守，半生之清苦俱非。语云：看人只看后半截。真名言也。

【译文】
　　歌伎晚年时能变为良家之女，她过往的烟花生涯并不妨碍她晚年时的做人；贞洁的女子到了晚年失去贞操，那么，她多半生的清苦守节算是白费了。常言说得好：衡量一个人的操守，只看其后半生的所作所为。这堪称一句名言了。

种德施惠　　无位公相

　　平民肯种德施惠，便是无位的公相；
　　士夫徒贪权市宠，竟成有爵的乞人。

【译文】
　　平民肯积德施惠，便可称得上没有公卿相国名位的公相了；士大夫若贪图权势，谋取宠利，就会变为有爵位的乞丐了。

积累念难　　倾覆思易

问祖宗之德泽,吾身所享者是,当念其积累之难;问子孙之福祉,吾身所贻者是,要思其倾覆之易。

【译文】
若问祖宗给我留下了何种德泽,我说我现在享受的就是祖宗留给我的德泽,应当想到家业积累起来的艰难;若问子孙享受的福分是什么,只要看一下我所留下的福泽就可以了。必须想到,使祖辈留传下来的家业,毁于一旦是极容易的。

君子诈善　　无异小人

君子而诈善,无异小人之肆恶;君子而改节,不及小人之自新。

【译文】
君子以诈术求得善名,无异于小人肆意作恶;君子抛弃自己的操节而混同为小人,那他还不如重新做人的小人呢。

春风解冻　　和气消冰

家人有过,不宜暴怒,不宜轻弃,此事难言,借他事隐讽之;今日不悟,俟来日再警之。如春风解冻,如和气消冰,才是家庭的型范。

【译文】
家人有过失,不应大发雷霆,不应轻易弃之不管不问,这件事上不好说,可以借着其他事情暗示他,以促使他纠正过失。今日他还不觉悟,待到来日再去告诫他。要做到像春风解冻和气消冰那样,这才算是处理家庭问题的典范。

看得圆满　　放得宽平

此心常看得圆满，天下自无缺陷之世界；此心常放得宽平，天下自无险侧之人情。

【译文】

只要自己认为所生存的世界是圆满美好的，那天下便不存在什么缺陷了；只要自己心经常放得宽，放得平，那就会觉得天下没有什么邪恶之事了。

菜　根　谭

坚守操履　　不露锋芒

澹泊之士,必为浓艳者所疑;检饰之人,多为放肆者所忌。君子处此,固不可少变其操履,亦不可太露其锋芒。

【译文】

淡泊名利的人,必然会受到追求名利的人的怀疑;检点自己、不露相的人,多为行为放任者所猜忌。君子碰到这样的事情固然不应为此而略微改变自己的操守,不过也不可太露锋芒。

逆境砺志　　顺境杀人

居逆境中,周身皆针砭药石,砥节砺行而不觉;处顺境内,眼前尽兵刃戈矛,销膏靡骨而不知。

【译文】

人处于逆境时,好像全身都置于针灸药石之中了,不知不觉中磨练着自己的气节与行为;处于顺境时,面前即使满是兵刃戈矛,消耗了自己的膏脂,烂掉了自己的筋骨,却浑然不知。

富贵如火　　必将自焚

生长富贵丛中的,嗜欲如猛火,权势似烈焰。若不带些清冷气味,其火焰不至焚人,必将自烁矣。

【译文】

生长富贵人家的人,其贪图感观享受似猛火般强烈,其权势若烈焰般炽烈。如若不给这些人一些清冷剂,那么嗜欲与权势的炽烈火焰即便不会焚烧他人,至少也会烧伤自己。

精诚所至　　金石为开

人心一真，便霜可飞，城可陨，金石可贯。若伪妄之人，形骸徒具，真宰已亡。对人则面目可憎，独居则形影自愧。

【译文】

人心只要真诚，则可感动上天，六月降霜，哭倒城墙，金石亦可贯穿。如若是一个虚伪而荒唐的人，那他只是个徒有躯体的人，他的灵魂已经死亡。他面对他人时，面目十分可憎；他独自一个人时，形影相吊，甚觉惭愧。

文章恰好　　人品本然

文章做到极处，无有他奇，只是恰好；人品做到极处，无有他异，只是本然。

【译文】

文章做到极处，便没有奇异之处可言，只是写得恰到好处罢了；人品做到极处，便没有特别之处可言，只是将人原本的天性表现出来罢了。

能看得破　　才认得真

以幻迹言，无论功名富贵，即肢体亦属委形；以真境言，无论父母兄弟，即万物皆吾一体。人能看得破，认得真，才可以任天下之负担，亦可脱世间之缰锁。

【译文】

就人世间虚幻而言，不用说功名富贵这些虚幻的东西，即便是人的肢体也只是上天给予的。以超脱的境界看待一切，休要说父母兄弟了，即便是人世间的万事万物，也与我同为一体。人只有看得破，认得真，才可以担负起天下的重任，也才可以摆脱人世间功名富贵的缰绳枷锁般的束缚。

美味快意　　享用五分

爽口之味，皆烂肠腐骨之药，五分便无殃；快心之事，悉败身丧德之媒，五分便无悔。

【译文】

爽口的美味佳肴，皆为烂肠腐骨的药，切记只吃五分才会不受伤害；让人快意的事，皆为伤身败德的媒介，切记只享用五分才不会落下后悔。

忠恕待人　养德远害

不责人小过,不发人阴私,不念人旧恶。三者可以养德,亦可以远害。

【译文】

不责备别人小的过失,不揭别人的隐私,不计较别人过往的恶行。凡做到此三点者,均可修养自己的品德,亦可远离祸患。

持身勿轻　　用心勿重

士君子持身不可轻，轻则物能挠我，而无悠闲镇定之趣；用意不可重，重则我为物泥，而无潇洒活泼之机。

【译文】

君子应约束自己，不可轻率行事。轻率就会被外物搅扰，进而丧失了悠闲镇定的情趣；用意不可太重，太重了就会被外物左右，进而丧失了潇洒活泼的生机。

人生百年　　不可虚度

天地有万古，此身不再得；人生只百年，此日最易过。幸间者，不可不知有生之乐，亦不可不怀虚生之忧。

【译文】

天地能万古长存，而人的生命不可再得。人生在世充其量才百年，最容易一闪而过。有幸生活在人世间，不可不知活着的乐趣，也不可不怀有因虚度年华而产生的忧虑。

德怨两忘　　恩仇俱泯

怨因德彰，故使人德我，不若德怨之两忘；仇因恩立，故使人知恩，不若恩仇之俱泯。

【译文】

他人的怨恨因我的德行高而显得愈加突出，因此，与其让他人感恩于我，还不如让他将感恩与怨恨都忘掉；仇恨因恩德的存在而产生，因此，与其让他人知道我的恩德，还不如让他将恩德与仇恨都忘掉。

持盈履满　　君子兢兢

老来疾病，都是壮时招的；衰后罪孽，都是盛时造的。故持盈履满，君子尤兢兢焉。

【译文】

人老年时所得的病，都是壮年时不在意而积成的；人在衰败时所遭受的罪孽，都是在气盛得意之时埋下的罪孽恶种。因此，君子在事业兴盛、福禄完满之时，更得谨慎而小心。

扶公却私　　种德修身

市私恩，不如扶公议；结新知，不如敦旧好；立荣名，不如种隐德；尚奇节，不如谨庸行。

【译文】

与其出于私心而施恩于他人，还不如去扶助大家共同获取利益为好；与其结识新朋友，还不如同老朋友重修旧好；与其争荣誉立名声，还不如暗地里积德行善；与其崇尚奇特的节操，还不如小心谨慎地做些平凡的事。

公论不犯　　权门不沾

公平正论，不可犯手，一犯，则贻羞万世；权门私窦，不可著脚，一著，则玷污终身。

【译文】

公平正直是为世人所认可的做人原则，切不可触犯它，一旦触犯了，就会留下万世的耻辱；有权有势的人家的门洞儿不可驻足，一旦驻足，就会玷污终生清廉纯洁的美名。

不畏人忌　　不惧人毁

曲意而使人喜，不若直躬而使人忌；无善而致人誉，不若无恶而致人毁。

【译文】

与其违背自己的意愿而去求得他人的喜悦，还不如因自己刚直不屈的性格而招致他人的忌妒；本没有什么善行，却受到他人的赞誉，还不如本没有恶行却招到他人的诋毁。

从容处变　剀切规友

处父兄骨肉之变，宜从容，不宜激烈；遇朋友交游之失，宜剀切，不宜优游。

【译文】

遇到父兄或骨肉至亲之间所发生的变故，应从容自若，不应采取过激行动；同朋友交往当中，遇到对方有什么过失，应恳切相劝，不应犹豫不决，不加过问。

大处着眼　小处着手

小处不渗漏，暗处不欺隐，末路不怠荒，才是个真正英雄。

【译文】

小事处理得完美而无疏漏，暗地里处理事情也不欺哄瞒骗，穷途末路之时更不怠惰，不荒废时光。做到这些，才是个真正的英雄。

爱重为仇　薄极成喜

千金难结一时之欢，一饭竟致终身之感，盖爱重反为仇，薄极翻成喜也。

【译文】

赠与千金也难以换取对方的欢心，而一顿饭竟能使他人感激终生；这是因为爱得过了头反而会成为仇人，而点滴的好处却能使对方高兴。

藏巧于拙　以屈为伸

藏巧于拙，用晦而明，寓清于浊，以屈为伸，真涉世之一壶，藏身之三窟也。

【译文】

做人宁可装得笨一些，不要显得太聪明；即使心中明白也要装得糊涂些；宁可谦虚随和些，不可自命清高；宁可以退为进，不必太显锋芒。这才是立身处事的救命法宝,才是明哲保身的"狡兔三窟。"

菜 根 谭

盛极必衰　　居安虑患

衰飒的景象，就在盛满中，发生的机缄，即在零落内；故君子居安宜操一心以虑患，处变当坚百忍以图成。

【译文】

衰败的惨局就隐藏在一片繁华之中，草木勃发的生机就蕴含在凋谢零落之中。因此，君子必须居安而思危，要有忧患意识；身处反常之境，要百折不挠，以求成功。

奇人乏识　　独行无恒

惊奇喜异者,无远大之识;苦节独行者,非恒久之操。

【译文】

　　凡喜欢出奇、行为独特的人,并无远大的见识;凡苦心求节操、独往独来的人,并不会保持恒久的节操。

放下屠刀　　立地成佛

　　当怒火欲水正腾沸处,明明知得,又明明犯著。知的是谁?犯的又是谁?此处能猛然转念,邪魔便为真君矣。

【译文】

　　人的怒火与欲念正在腾沸时,心中明知如此做法不对,却偏要做。懂得这个道理的是谁?明知故犯的又是何种人?此时若能幡然悔悟,即便是邪鬼天魔,也能变为修仙得道之人。

毋形人短　　毋忌人能

　　毋偏信而为奸所欺,毋自任而为气所使;毋以己之长而形人之短,毋因己之拙而忌人之能。

【译文】

　　切勿偏听偏信,以致为奸恶之人所欺骗;切勿自以为是,以致为一时的意气所动而造成恶果;切勿以自己的长处去比别人的短处,切勿因自己笨拙而忌妒他人的才能。

己所不欲　勿施于人

人之短处，要曲为弥缝，如暴而扬之，是以短攻短；人有顽固，要善为化诲，如忿而疾之，是以顽济顽。

【译文】

对于他人的短处，要以委婉的口气、恰当的方式去劝说改正，且要善于弥合掩饰。若以粗暴的做法故意公开宣扬他人的短处，那就等于以自己的短浅见识去攻击他人的短处。对他人的顽固想法或做法，要善于诱导、教诲。若因他人的顽固而愤怒进而痛恨对方，那就等于以自己的固执去助长他人的固执。

菜 根 谭

阴者勿交　　傲者勿言

遇沉沉不语之士，且莫输心；见悻悻自好之人，应须防口。

【译文】

遇到深沉不语的人，暂且不要同他谈心；遇到满怀怨恨谈吐傲气的人，应说话谨慎，防着对方。

调节情绪　　一张一弛

念头昏散处，要知提醒；念头吃紧时，要知放下。不然恐去昏昏之病，又来憧憧之扰矣。

【译文】

头昏脑涨、精力难以集中之时，须清醒一下头脑；念头繁杂时，须放松一下。若不这样做，恐怕去了头脑昏涨之病，又来了神情恍惚之病。

君子之心　　毫无障塞

霁日青天，倏变为迅雷震电；疾风怒雨，倏转为朗月晴空。气机何当一毫凝滞？太虚何当一毫障塞？人心之体，亦当如是。

【译文】

本来是白日青天，一片晴朗，骤然间雷声闪电；本来是狂风暴雨，骤然间变为朗月晴空。自然界的变化何曾有一丝一毫的停止呢？广阔的天空何曾有一点点的障碍呢？人的本性，也应该是这样的。

智慧识魔　　意志斩妖

胜私制欲之功，有曰：识不早，力不易者；有曰：识得破，忍不过者。盖识是一颗照魔的明珠，力是一把斩魔的慧剑，两不可少也。

【译文】

对战胜自己的私心、节制自己的欲念的这种功夫，有的人会说：觉悟得太晚，毅力不足，力不从心。有的人会说：倒是能看得破，可难摆脱其引诱。因此智略是颗能照出妖魔的明珠，毅力是把能斩除魔怪的利剑。智略与毅力二者不可缺一。

宽而容人　　不动声色

觉人之诈，不形于言，受人之侮，不动于色。此中有无穷意味，亦有无穷受用。

【译文】

觉察到他人的欺诈做法，却不以自己的话语去揭穿对方；蒙受他人的侮辱，颜面上却不露出愤恨之情。如此做法，意味实在深沉厚重，且得益无穷无尽。

英雄豪杰　　经受锤炼

横逆困穷，是锻炼豪杰的一副炉锤。能受其锻炼，则身心交益；不受其锻炼，则身心交损。

【译文】

遭受突发的祸害与陷于穷困潦倒的境地，都是锻炼豪杰的极好熔炉。能经受如此锻炼，对身心都有好处；不经受如此锻炼，有损于身心健康。

天地父母　　万物敦睦

吾身一小天地也，使喜怒不愆，好恶有则，便是燮理的功夫；天地一大父母也，使民无怨咨，物无氛疹，亦是敦睦的气象。

【译文】

我的身体就是一个小天地，要做到喜怒有度，好恶有原则。这样做，就具有了和谐协调的真功夫。天地犹如人的父母，要使天下百姓无怨恨与叹息，万物免去灾害，那就会出现亲厚和睦的景象。

戒疏于虑　　警伤于察

害人之心不可有，防人之心不可无，此戒疏于虑也。宁受人之欺，勿逆人之诈，此警惕于察也。二语并存，精明而浑厚矣。

【译文】

害人之心不可有，防人之心不可无。此话是用来告诫那些疏于深思熟虑的人的。宁可受他人的欺骗，也不可随意推断别人是在施行诈术。此话是提醒那些有洞察力但疑心过重的人的。这两句话同时并用，就会既精明又淳朴实在了。

菜 根 谭

明辨是非　　大局为重

毋因群疑而阻独见，毋任己意而废人言，毋私小惠而伤大体，毋借公论以快私情。

【译文】

不能因为大家都怀疑而阻断自己的独到见地，不能因坚持己见而无视他人的见识，不能因贪求小恩小惠而伤了大体，不能凭借着公众的评论而迎合私情的需要。

亲善杜谗　　除恶防祸

善人未能急亲，不宜预扬，恐来谗谮之奸；恶人未能轻去，不宜先发，恐遭媒孽之祸。

【译文】

即便是善人，也不必急于同他亲近，不应事先就公开宣扬他的善行。不这样做，是恐怕会引来奸恶之人的谗言。即便是恶人，也不宜轻易疏远他，不宜事先就揭露出他的恶行。不这样做，是怕事先传播出去，遭受诬罔构陷的祸害。

培养节操　　磨炼本领

青天白日的节义，自暗室屋漏中培来；旋乾转坤的经纶，自临深履薄处操出。

【译文】

青天白日般正大光明的气节与公正合宜的道德，是在默默无声中一点一滴地培育出来的；扭转乾坤的远大政治抱负，是在经历了临深履薄般的险阻磨难之后造就出来的。

父慈子孝　伦常天性

父慈子孝，兄友弟恭，纵做到极处，俱是合当如此，着不得一丝感激的念头。如施者任德，受者怀恩，便是路人，便成市道矣。

【译文】

父母慈祥，子女孝顺，兄长友爱弟妹，弟妹尊敬兄长，这些亲情之爱就是做到极处，也是情理之中的事，大可不必有一丝的感激之念。如果施恩惠的一方自恃有德而要求对方感恩，而受恩惠的一方又感激不尽，那就是将骨肉亲情视为了路人，纯粹是市侩的做法了。

菜 根 谭

不夸妍洁　　谁能丑污

有妍必有丑为之对,我不夸妍,谁能丑我?有洁必有污为之仇,我不好洁,谁能污我?

【译文】

漂亮必有丑陋做对照,我不夸耀自己的漂亮,有谁会说我丑陋呢?干净必有污秽做对照,我不夸耀自己干净,又有谁会说我污秽呢?

富多炎凉　　亲多妒忌

炎凉之态,富贵更甚于贫贱;妒忌之心,骨肉尤狠于外人。此处若不当以冷肠,御以平气,鲜不日坐烦恼障中矣。

【译文】

世态炎凉的状况,富贵人家比贫贱人家更为严重;嫉妒之心,骨肉之间比外人更为强烈。直面如此情况,若不能以冷静的态度去处理,以平静的心绪去对待,就会有很多人天天在烦恼中度日。

功过要清　　恩仇勿明

功过不容少混,混则人怀惰隳之心;恩仇不可太明,明则人起携贰之志。

【译文】

功劳与过错不容相混不清,若相混不清,则怠惰之心必然滋生;恩情与仇恨不可过分记心中,过分记在心中,则会存叛离之心。

位盛危至　德高谤兴

爵位不宜太盛，太盛则危；能事不宜尽毕，尽毕则衰；行谊不宜过高，过高则谤兴而毁来。

【译文】

爵位不宜太高，太高则危险将至；才能与本领不宜全部用尽，全部用尽则会衰落；行为不宜过分高雅，论调不宜过分高超，若过分了，就会遭到诽谤与诋毁。

阴恶祸深　　阳善功小

恶忌阴，善忌阳。故恶之显者祸浅，而隐者祸深；善之显者功小，而隐者功大。

【译文】

行恶最怕隐藏不露，做善事最忌张扬公开。因此，行恶之举若明显于众人当中，则带来的祸患要少一些；反之，隐藏不露，则祸害要深得多。做善事，若过分明显，所取得的功效则小；反之，隐而不露，所取得的功效则大。

以德御才　　恃才败德

德者才之主，才者德之奴。有才无德，如家无主而奴用事矣，几何不魍魉猖狂。

【译文】

品德是才能的主人，才能则是品德的奴仆。有才而无德的人，好像家无主人奴仆当家，哪能不胡作非为、猖狂行事呢？

穷寇勿追　　投鼠忌器

锄奸杜幸，要放他一条去路。若使之一无所容，譬如塞鼠穴者，一切去路都塞尽，则一切好物俱咬破矣。

【译文】

铲除奸恶投机之人时，要放他一条生路。如若将他去路全堵，无处容身，就像堵鼠洞一样，将全部退路堵死，那一切好东西也就让它咬破了。

有过归己　　有功让人

当与人同过，不当与人同功，同功则相忌；可与人共患难，不可与人共安乐，安乐则相仇。

【译文】

应当与他人共同承担过失，不应同他人分享功劳，共享功劳则会相互妒忌；可以与他人共患难，不可与他人共享安乐，共享安乐则会相互仇恨。

警言救人　　功德无量

士君子,贫不能济物者,遇人痴迷处,出一言提醒之;遇人急难处,出一言解救之,亦是无量功德。

【译文】

读书人贫穷,无法用财物接济他人,可遇到他人痴迷不悟时,只要张口说一句话,就可提醒那人;遇到他人有急难时,只要张口出一个主意,就可解救那人。这样做也算是功德无量啊!

趋炎附势　　人之通病

饥则附,饱则扬,燠则趋,寒则弃,人情通患也。

【译文】

饥饿时则依附他人,饱食后则远离他,见到富贵之家则趋炎附势,遇到贫寒之人则弃而不顾。这是常人的一种通病。

冷眼观物　　慎动刚肠

君子宜净拭冷眼,慎勿轻动刚肠。

【译文】

君子应擦亮眼睛,冷眼观察事物,须小心谨慎,切不可轻易表露刚直的心肠。

德量共进　　识见更高

德随量进，量由识长。故欲厚其德，不可不弘其量；欲弘其量，不可不大其识。

【译文】

人的道德随着气量的增大而完善，气量也随着见识的增加而变大。因此，要想使自己的道德水平提高，不可不增大自己的气量；要想增大自己的气量，不可不增加自己的见识。

人心惟危　　道心惟微

一灯萤然，万籁无声，此吾人初入宴寂时也；晓梦初醒，群动未起，此吾人初出混沌处也。乘此而一念回光，炯然返照，始知耳目口鼻皆桎梏，而情欲嗜好悉机械矣。

【译文】

夜晚之时，灯光淡然，万籁俱静。此时正是人们开始入睡的时候。人们晓梦初醒，各种动静尚未开始的时候，正是人们头脑最清醒、最有悟性的时候。乘此机会反省一番，方知耳目口鼻其实是人的桎梏，而情欲与嗜好全是让人堕落的机械。

菜　根　谭

反省从善　　尤人成恶

反己者，触事皆成药石；尤人者，动念即是戈矛。一以辟众善之路，一以浚诸恶之源，相去霄壤矣。

【译文】

能够自我反省的人，遇事所得教训都能成为良药；怨天尤人的人，念头一动就是伤人的戈矛。前者是为各种善行开辟的道路，后者是为各种恶行疏浚源头。两者相去可谓天壤之别。

功名一时　　气节万古

事业文章随身销毁，而精神万古如新；功名富贵逐世转移，而气节千载一日。君子信不当以彼易此也。

【译文】

事业与文章随着人的死亡而销毁，而人的精神却万古如新；功名富贵随着时代的变迁而变化，而人的气节却千年长存。君子实在不应以功名富贵换取精神与气节。

机里藏机　　变外生变

鱼网之设，鸿则罹其中；螳螂之贪，雀又乘其后。机里藏机，变外生变，智巧何足恃哉。

【译文】

做鱼网是为了捕鱼，而当空张挂，鸿雁却落入其中遭了殃；螳螂在贪食眼前的蝉，而黄雀却在其背后偷袭它。机谋里藏着机谋，变化之外还会有变化。人的智略与技巧怎能靠得住呢？

诚恳为人　　灵活处世

作人无点真恳念头，便成个花子，事事皆虚；涉世无段圆活机趣，便是个木人，处处有碍。

【译文】

做人若没有点儿诚恳的意思，便成了不实之人，做每件事都很虚；处世若没有丝毫的圆通灵活，便成了木头人，处处都会受阻。

菜 根 谭

去混心清　　去苦乐存

水不波则自定,鉴不翳则自明,故心无可清,去其混之者,而清自现;乐不必寻,去其苦之者,而乐自存。

【译文】

水无波浪则平静,镜子无灰尘则明净。因此,人的心无所谓什么清静,只要排除了混杂的欲念,心自然就清静了。快乐大可不必去寻找,只要摆脱心头苦难,快乐自然会到来。

一言一行　　切戒犯忌

有一念而犯鬼神之禁,一言而伤天地之和,一事而酿子孙之祸者,最宜切戒。

【译文】

有一念触犯了鬼神禁忌的,有一句话伤了天地间和气的,有一件事给子孙后代酿成灾祸的,这些就要引以为戒。

欲擒故纵　　宽之自明

事有急之不白者,宽之或自明,毋躁急以速其忿;人有操之不从者,纵之或自化,毋躁切以益其顽。

【译文】

有的事急于弄明白不可能,就要放宽时间,到时自会明白,切不可急躁,以免增加怒气;对于指挥他而不听从的人,可姑且任其自由行事,或许他会自己觉悟,切不可急着指挥他,以免他故意抵触。

不能养德　　终归末技

节义傲青云，文章高白雪，若不以德性陶熔之，终为血气之私，技能之末。

【译文】

守节义的人傲视青云直上的达官贵人，生动感人的文章胜过阳春白雪的经典之作。如若不以高尚的道德来陶冶，到头来只是种心血来潮时的私情与劣等的技能而已。

急流勇退　与世无争

谢事当谢于正盛之时，居身宜居于独后之地。

【译文】

抽身隐退应当选在事业处于极盛之时，居身之地应选在僻静而不与他人有争执的地方。

细处着眼　施不求报

谨德须谨于至微之事，施恩务施于不报之人。

【译文】

谨守品德须体现在细微之处，施恩时务须施予那些不能报答自己的人。

清心去俗　趣味高雅

交市人不如友山翁，谒朱门不如亲白屋；听街谈巷语，不如闻樵歌牧咏；谈今人失德过举，不如述古人嘉言懿行。

【译文】

与其同市井俗气之人交友，倒不如与深山中的老翁结识交友；与其拜见富豪，倒不如亲临百姓之家；与其听无聊的街谈巷议，倒不如去听樵夫与牧童的歌唱；与其谈论当今的人的缺乏道德与不当行为，还不如讲述古人的美好言行。

修身养德　事业之基

德者事业之基，未有基不固而栋宇坚久者。

【译文】

高贵的品德是事业的根基，没有根基不牢固而房屋坚实经久的。

心善子盛　　根固叶荣

心者后裔之根，未有根不植而枝叶荣茂者。

【译文】

善心是能传子孙后代的根本，没有根植得不牢实而枝叶繁茂的。

勿昧所有　　勿夸所有

前人云："抛却自家无尽藏，沿门持钵效贫儿。"又云："暴富贫儿休说梦，谁家灶火里无烟？"一箴自昧所有，一箴自夸所有，可为学问切戒。

【译文】

古人说："有的人将自家的无尽的财宝抛于一边，而效法贫穷的人拿着钵去讨饭。"又说："有些暴富的穷人像痴人说梦般夸耀自己的财富。谁家灶里的火不冒烟？"前一种告诫是要人们不要忽略自己的财富，后一种告诫是要人们不要自夸自己的财富。做学问应以这两种告诫作为警戒提醒。

菜 根 谭

道德学问　　人皆可修

道是一重公众物事,当随人而接引;学是一个寻常家饭,当随事而警惕。

【译文】

道理是人人都可以学习的,应当随着人的性情加以引导;做学问像家常便饭一样,应随着事情的变化而不断留心学习。

信人己诚　　疑人己诈

信人者,人未必尽诚,己则独诚矣;疑人者,人未必皆诈,己则先诈矣。

【译文】

相信他人,而对方未必很诚实,自己却是诚实的;好怀疑他人的人,对方未必奸诈,而他自己先是奸诈的。

春风催生　　寒风残杀

念头宽厚的,如春风煦育,万物遭之而生;念头忌刻的,如朔雪阴凝,万物遭之而死。

【译文】

待人宽厚的人,若春风般和煦,万物遇到他都会生机勃发;待人刻薄又怀忌恨之心的人,若北风刮来大雪飞扬,一片阴冷凝固,万物遇到他都会死亡。

善根暗长　　恶损潜消

为善不见其益,如草里冬瓜,自应暗长;为恶不见其损,如庭前春雪,当必潜消。

【译文】
做善事不见得马上就会显示出好处,这正像掩藏在草里的冬瓜一样,它在暗暗地长大;做坏事不见得马上就会看出它的危害,不过,这正像庭前的春雪一样,一定会暗暗消融。

愈隐愈显　　愈淡愈浓

遇故旧之交,意气要愈新;处隐微之事,心迹宜愈显;待衰朽之人,恩礼当愈隆。

【译文】
遇到老朋友,要更加热情;做隐秘细微的事,内心应更加明朗;对待衰朽的老人,礼节应更加注重。

君子立德　　小人图利

勤者敏于德义,而世人借勤以济其贫;俭者淡于货利,而世人假俭以饰其吝。君子持身之符,反为小人营私之具矣,惜哉!

【译文】

勤勉的人注重品德修养与自身合宜的行为,而世人借着勤勉以救助自身的贫困。节俭的人对财物与利益很淡漠,而世人却以节俭为由掩盖其吝啬的一面。君子严格要求自己的标准却成了小人营私的工具,可惜啊!

意气用事　　难有作为

凭意兴作为者,随作则随止,岂是不退之轮;从情识解悟者,有悟则有迷,终非常明之灯。

【译文】

凭意气行事的人,只有一时的热劲,兴头一过则罢手不做。这样的人怎么能成为永不倒退的车轮呢?从个人情感出发去理解、领悟道理的人,有时有所领悟,有时陷于迷茫之状。这样的人终究不会成为常明灯式的人物。

律己宜严　　待人宜宽

人之过误宜恕,而在己则不可恕;己之困辱宜忍,而在人则不可忍。

【译文】

应宽恕别人的过失,而对自己的过失则不可宽恕;应忍自己所遭遇到的困辱,而对别人遭到的困辱就不能听之任之。

为奇不异　　求清不激

能脱俗便是奇，作意尚奇者，不为奇而为异；不合污便是清，绝俗求清者，不为清而为激。

【译文】

能脱俗的人才是奇人，若特意标榜自己是奇人，其实并不是奇人，而是怪人；不同流合污的人便是清白的人。而与世俗断绝一切联系的人，绝非清白，只能是偏激而已。

恩宜后浓　　威宜先严

恩宜自淡而浓，先浓后淡者，人忘其惠；威宜自严而宽，先宽后严者，人怨其酷。

【译文】

施恩于他人应自淡而逐步浓，若一开始就浓而后渐淡，他人就会忘掉你所施的恩；威严待人之事，应先严而后逐步宽，若先宽而后严，人们就会抱怨你冷酷无情。

菜根谭

心虚性现　　意净心清

心虚则性现，不息心而求见性，如拨波觅月；意净则心清，不了意而求明心，如索镜增尘。

【译文】

去除杂念，心静如水，人的天性便会显露。不求得心的平静，却一味去追寻人的天性，那就像拨开水中的波浪而去捞水中的月亮一样。意念纯洁无邪，则心会平静如水。不深察意念如何，而单纯追求心的明静，就像给本来满是灰尘的镜子又增添了灰尘一样。

物自为物　　我自为我

我贵而人奉之，奉此峨冠大带也；我贱而人侮之，侮此布衣草履也。然则原非奉我，我胡为喜？原非侮我，我胡为怒？

【译文】

我禄位高了，人们就奉承我，其实奉承的是我那峨冠大带；我地位卑下，人们就侮辱我，其实侮辱的是我那粗布衣与草鞋。既是如此，原来人们所奉承的并非我本人，那我又有什么可高兴的呢？人们所侮辱的也非我本人，那我又有什么可动怒的呢？

菜根谭

慈悲心肠　繁衍生机

为鼠常留饭，怜蛾不点灯，古人此等念头，是吾人一点生生之机。无此，便所为土木形骸而已。

【译文】

怕老鼠受饿，而给它留下一点饭，怕飞蛾因扑火而亡不点灯。古人的这种慈善心意恰恰是我们人类不断繁衍的生机。若没有这种慈善的心意，我们不就成了泥土树木了吗？

心体天体　　人心天心

心体便是天体。一念之喜，景星庆云；一念之怒，震雷暴雨；一念之慈，和风甘露；一念之严，烈日秋霜。何者少得，只要随起随灭，廓然无碍，便与太虚同体。

【译文】

人的本性同宇宙精神的本原是吻合的。人一高兴，如若天空中出现了吉星与祥云一般；人一发怒，就像天空中发出震雷，下起暴雨一般；人一发慈悲，就像和风甘露出现一般；人一严酷，就像烈日秋霜一般。没有一样能少得了。人只要在喜怒哀乐之后立即出现常态，像整个宇宙一样无所阻碍，那就可以同宇宙融为一体了。

无事寂寂　　有事惺惺

无事时，心易昏冥，宜寂寂而照以惺惺；有事时，心易奔逸，宜惺惺而主以寂寂。

【译文】

人无事时最易陷入昏沉瞎想之中，故应在静寂中保持清醒的头脑；有事时最易焦躁不安，故应在清醒中保持静寂。

议事论事　　明晓利害

议事者，身在事外，宜悉利害之情；任事者，身居事中，当忘利害之虑。

【译文】

议论他人事情的人，身在事外，应了解事情是非曲直的全部状况；当事者身处事中，应完全忘掉自己的利害与得失。

菜 根 谭

操履严明　　亦毋偏激

士君子处权门要路，操履要严明，心气要和易，毋少随而近腥膻之党，亦毋过激而犯蜂虿之毒。

【译文】

读书人掌握权势，节操应严明，要平易近人，切勿接近邪恶之人，也勿要因言行过激而冒犯那些邪恶之人。

浑然和气　　居家之珍

标节义者，必以节义受谤；榜道学者，常因道学招尤。故君子不近恶事，亦不立善名，只浑然和气，才是居身之珍。

【译文】

标榜自己节义的人，必因节义而遭到诽谤；标榜自己有道德学问的人，常因道德学问而让人怨恨。因此，君子既不作恶，也不宣扬自己的美名，只有和和气气才是待人接物最珍贵的品格。

诚心和气　　激励陶冶

遇欺诈之人，以诚心感动之；遇暴戾之人，以和气薰蒸之；遇倾邪私曲之人，以名义气节激励之：天下无不入我陶冶中矣。

【译文】

遇到欺诈之人，应以诚心实意感动他；遇到粗暴之人，应心平气和地感化他；遇到心怀邪术、自私自利的人，应以名义气节激励他：这样天下没有一个人不受我的感化了。

一念慈祥　　寸心洁白

一念慈祥，可以酝酿两间和气；寸心洁白，可以昭垂百代清芬。

【译文】

只要存有慈祥的念头，就可以酿成天地间平和的气息；只要心地纯洁无瑕，就可以给后世百代留下美名。

异行奇能　　涉世祸胎

阴谋怪习，异行奇能，俱是涉世的祸胎。只一个庸德庸行，便可以完混沌而招和平。

【译文】

阴谋诡计，怪诞的习好，奇特的作为及奇特的才能，都是处世时招来祸患的根子。只有道德一般，所作所为平平庸庸，才能迎合无知无识的世俗之需，以期平和地度日。

忍得耐得　　自在之境

语云："登山耐侧路，踏雪耐危桥。"一耐字极有意味，如倾险之人情，坎坷之世道。若不得一耐字撑持过去，几何不堕入榛莽坑堑哉？

【译文】

俗话说："爬山要耐住得走崎岖的小路,踏雪要耐得住走危险桥。"这一"耐"字意味实在深长，正如危险邪恶的人世之情，充满坎坷的世道。如若不是以一个"耐"字支撑着，又有几个人会不坠入布满荒草与荆棘的深沟里呢？

菜 根 谭

心体莹然　　本来不失

夸逞功业，炫耀文章，皆是靠外物做人。不知心体莹然，本来不失，即无寸功只字，亦自有堂堂正正做人处。

【译文】

夸耀功业，炫耀文章，都是靠外在之物做人。其实并不知只要心地纯洁无瑕，不失人的天性，即便毫无功业，未写一个字的文章，也可以堂堂正正做人。

一张一弛　　事先安排

忙里要偷闲，须先向闲时讨个把柄；闹中要取静，须先从静处立个主宰。不然，未有不因境而迁，随时而靡者。

【译文】

要忙里偷闲，须首先于闲暇时规划出务实的安排；要在喧闹中取静，须先在静的时候确立自己的主见与原则。若不如此，没有一个人能在客观环境变化时不见异思迁或随波逐流的。

为民请命　　造福子孙

不昧己心，不尽人情，不竭物力。三者可以为天地立心，为生民立命，为子孙造福。

【译文】

不昧良心，不违背常情，不用尽物力。做到这三点，就为天地繁育万物创造了环境，为百姓生存建立了基础，为子孙后代留下了长久的幸福。

为官公廉　　居家恕俭

居官有二语,曰:惟公则生明,惟廉则生威。居家有二语,曰:唯恕则情平,唯俭则用足。

【译文】

做官须遵循两句格言,即:惟有公正才能明断是非曲直,惟有廉洁才能有威严。居家过日子也有两句格言可循,即:惟有宽容才能心气平和,惟有节俭,家用吃穿才能充足。

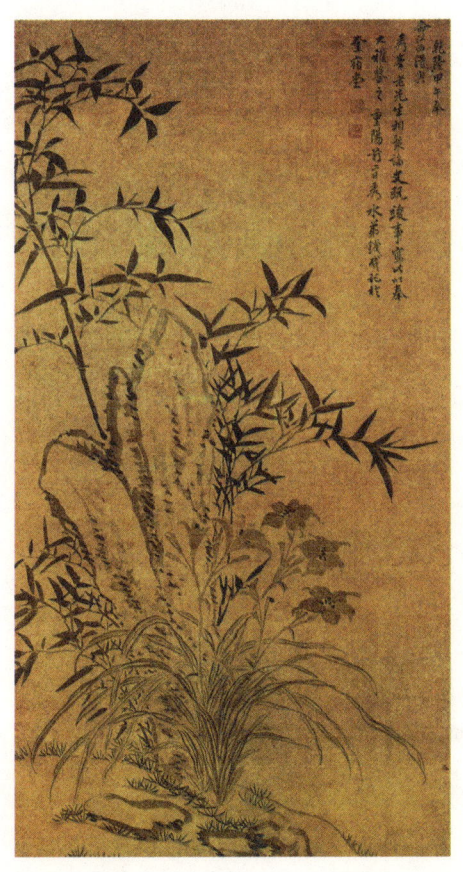

菜根谭

富贵知贫　　少壮念老

处富贵之地,要知贫贱的痛痒;当少壮之时,须念衰老的辛酸。

【译文】

富贵时要知道贫寒之人、地位低下之人的痛痒与疾苦;年轻力壮时要想到年迈力衰时的辛酸。

气量宽厚　　兼容并包

持身不可太皎洁,一切污辱垢秽,要茹纳得;与人不可太分明,一切善恶贤愚,要包容得。

【译文】

对自己要求不可太纯洁无染,要学会容纳一切污辱垢秽;同他人相处,不可太斤斤计较,要学会包容一切善恶贤愚。

勿仇小人　　勿媚君子

休与小人仇雠,小人自有对头;休向君子谄媚,君子原无私惠。

【译文】

不必与小人结冤仇,小人自有其冤家对头;不必向君子谄媚,君子不会碍于个人情分而给你什么恩惠。

疾病易医　　魔障难除

纵欲之病可医,而势理之病难医;事物之障可除,而义理之障难除。

【译文】

纵欲而致成的病可以医治,而事理上顽固不化,实难矫正;事物中出现的障碍可以排除,而观念方面出现的障碍实难排除。

百炼成金　轻发无功

磨砺当如百炼之金,急就者,非邃养;施为宜似千钧之弩,轻发者,无宏功。

【译文】

磨练意志需要像炼金一般千锤百炼,急于求成,则不会磨练得很深;做事好似拉千钧硬弓一样,若只是轻拉即射,则不会有什么大的成就。

戒小人媚　愿君子责

宁为小人所忌毁,毋为小人所媚悦;宁为君子所责备,毋为君子所包容。

【译文】

宁可让小人嫉妒诋毁,也不要被小人的谄媚迷了心窍;宁可让君子责备,也不让君子去包容自己。

好利害浅　好名害深

好利者,逸出于道义之外,其害显而浅;好名者,窜入于道义之中,其害隐而深。

【译文】

贪利的人,其做法超过了道义之外,造成的损害尽管明显,但并不深;追求名誉的人,其行为匿于道义之中,造成的损害尽管不明显,但很深。

忘恩报怨　　刻薄之极

受人之恩,虽深不报,怨则浅亦报之;闻人之恶,虽隐不疑,善则显亦疑之。此刻之极,薄之尤也,宜切戒之。

【译文】

得到他人的恩惠,虽然很深,也不去报答,而对他即便有一点怨恨,也要去报复。听说别人的过恶,虽隐约不明也深信不疑;听说别人的善行,虽明显易见却怀疑不信。这种刻薄的做法真是到了极点,应当戒除。

不畏谗言　　却惧蜜语

谗夫毁士，如寸云蔽日，不久自明；媚子阿人，似隙风侵肌，不觉其损。

【译文】

进谗言的人诬陷正直的君子，犹如点点浮云遮蔽太阳一样，不久就会重见光明，还君子本来的面貌；专事谄媚他人的人，犹如从缝隙中吹进的风一样，侵袭着被谄媚者的肌体，而受害者却全然不觉。

清高偏急　　君子重戒

山之高峻处无木，而溪谷回环则草木丛生；水之湍急处无鱼，而渊潭停蓄则鱼鳖聚集。此高绝之行，偏急之衷，君子重有戒焉。

【译文】

高峻的山上无树木，而在溪谷回环处却草木丛生；水流湍急处无鱼，而在潭深水静处，却聚集着鱼鳖。此种过分清高之举，过分偏激的心理，君子实当认真戒除。

虚圆建功　　执拗偾事

建功立业者，多虚圆之士；偾事失机者，必执拗之人。

【译文】

凡建功立业的人，多为谦逊圆融的人；失利而丧失良机的人，必定是固执任性的人。

处世之道　　不同不异

处世不宜与俗同，亦不宜与俗异；作事不宜令人厌，亦不宜令人喜。

【译文】

处世既不应与世俗合污，也不应与世俗格格不入；做事既不应使人讨厌，也不应去讨人喜欢。

菜 根 谭

烈士暮年　　壮心不已

日既暮而犹烟霞绚烂，岁将晚而更橙桔芳馨。故末路晚年，君子更宜精神百倍。

【译文】

日落西山，暮色苍茫，而晚霞的光彩却绚烂美好。晚秋之际，橙桔结出芳香的果实。因此说，君子到了晚年更应精神百倍地生活。

聪明不露　　才华不逞

鹰立如睡，虎行似病，正是它取人噬人手段处。故君子要聪明不露，才华不逞，才有肩鸿任巨的力量。

【译文】

鹰站立时半闭合着眼，好像在睡觉；老虎走动时显得懒散乏力，好像有病似的。其实这正是它们猎获食物的特种手段。因此，君子应做到聪明而不外露，有才华而不显耀，惟如此才能肩担重任，完成功业。

过俭者吝　　过谦者卑

俭，美德也，过则为悭吝，为鄙啬，反伤雅道；让，懿行也，过则为足恭，为曲谨，多出机心。

【译文】

节俭是种美德，但过分节俭，就成了吝啬，成了鄙俗，反而伤了雅道；谦让是种高尚的行为，但过分谦让，就成了卑躬屈膝，成了谨小慎微，这多是心机太重的缘故。

菜 根 谭

喜忧安危　勿介于心

毋忧拂意，毋喜快心，毋恃久安，毋惮初难。

【译文】
　　对不合心愿的事切不可忧虑重重，对让人高兴的事切不可高兴得忘乎所以，不可过分依赖于长久的安定与平和，不要惧怕乍一遇到的困难。

菜根谭

声华名利　　非君子行

饮宴之乐多，不是个好人家；声华之习胜，不是个好士子；名位之念重，不是个好臣士。

【译文】

饮宴作乐多的人家，不是个好人家；喜好听淫靡之声，穿华衣美服的人，不是个好的读书人；看重名位的人，不是个好臣子。

乐极生悲　　苦尽甜来

世人以心肯处为乐，欲被乐心引在苦处；达士以心拂处为乐，终为苦心换得乐来。

【译文】

世俗之人将欲求得以满足作为乐趣，可到头来却被乐趣引诱到痛苦不堪的状态；通达事理的人以承受住不遂心意的事情带来的打击为乐趣，最终以一片苦心换取了快乐。

盈满勿加　　将折勿搦

居盈满者，如水之将溢未溢，切忌再加一滴；处危急者，如木之将折未折，切忌再加一搦。

【译文】

权力、财富、荣耀达到极点时，就像溢满缸中的水，切忌再加入一滴水；处于危急之时，就像木头将断还未断那样，切忌再给加一点力。

冷眼观人　　冷心思理

冷眼观人，冷耳听语，冷情当感，冷心思理。

【译文】

冷静观察人，冷静听别人的话，冷静感受事物，冷静思考事理。

心宽福厚　　量小福薄

仁人心地宽舒，便福厚而庆长，事事成个宽舒气象；鄙夫念头迫促，便禄薄而泽短，事事得个迫促规模。

【译文】

仁爱而讲节操的人心地宽厚舒阔，因此福分厚而长久，事事都显示出宽厚的气度；庸俗的人急于求得私欲的满足，因此福禄薄而得到的恩泽亦短暂，凡事都表现出急于求成的样子。

菜 根 谭

闻恶防谗　　闻善防奸

闻恶不可就恶,恐为谗夫泄怒;闻善不可即亲,恐引奸人近身。

【译文】

听到别人的恶行,不可马上就厌恶那人,恐怕有进谗言的人在泄私愤;听到别人的善行,不可马上就接近那人,以防将奸恶之人作为朋友对待。

躁急无成　　平和得福

性躁心粗者,一事无成;心和气平者,百福自集。

【译文】

急躁粗暴的人,一事无成;温和平静的人,各种福分都会享受到。

用人不刻　　交友不滥

用人不宜刻,刻则思效者去;交友不宜滥,滥则贡谀者来。

【译文】

用人不应苛刻,苛刻则想来效力的人就会离去;交友不应太滥,太滥则会有阿谀奉承者来到你身边。

立定脚跟　　著得眼高

风斜雨急处,要立得脚定;花浓柳艳处,要著得眼高;路危径险处,要回得头早。

【译文】

风斜雨急的艰难时刻,要站稳脚跟;身处花浓柳艳那种充满诱惑的环境,眼界要放得高一些远一些,免得沉湎于声色之中;路险道狭之处,要及早回头,免得出现不测。

和衷少争　　谦德少妒

节义之人济以和衷,才不启忿争之路;功名之士承以谦德,方不开嫉妒之门。

【译文】

讲求节义的人,惟伴以谦和的心态,才不至于引起世人的怨愤与争执;功成名就的人,惟保持谦逊的态度与高尚的德操,才不至于成为世人嫉妒的对象。

菜 根 谭

居官有节　　居乡有情

士大夫居官，不可竿牍无节，要使人难见，以杜幸端；居乡，不可崖岸太高，要使人易见，以敦旧好。

【译文】

士大夫为官，不可无节制地接受种种推荐，要使求职位的人难以见到面，以杜绝投机取巧的人借以达到自己的目的。隐退后居于乡间的人，不可太清高，要让人容易见到以重修旧好。

事上警谨　　待下宽仁

大人不可不畏，畏大人则无放逸之心；小民亦不可不畏，畏小民则无豪横之名。

【译文】

对有威望品格高尚的大人不可没有敬畏之心，只有敬畏这些大人，才不会有放纵的欲念。小民也不可不怕，怕则不会留下强横蛮干的恶名。

逆境消怨　　怠荒思奋

事稍拂逆，便思不如我的人，则怨尤自消；心稍怠荒，便思胜似我的人，则精神自奋。

【译文】

事情稍有不遂意时，只要去想想还有那么多不如我的人，怨恨自然就消除了；自满怠惰露头时，只要去想想还有那么多人比自己强，便会马上精神抖擞起来。

菜 根 谭

轻诺惹祸　　倦急无成

不可乘喜而轻诺,不可因醉而生嗔;不可乘快而多事,不可因倦而鲜终。

【译文】

不可因自己心绪好就随便许诺,不可因酒醉就胡乱发作;不可因一时的快意就招惹是非,不可因疲倦就有始无终。

心领神会　　全神贯注

善读书者,要读到手舞足蹈时,方不落筌蹄;善观物者,要观到心融神洽时,方不泥迹象。

【译文】

善于读书的人,全神贯注读到手舞足蹈时,真正领会了文章中的趣味,才不会坠入仅仅是在读文章的这种形式;善于观察事物的人,只有观察到心神同事物本身融为一体时,才能不拘泥于事物的表面现象。

勿以长欺短　　勿以富凌贫

天贤一人，以诲众人之愚，而世反逞所长，以形人之短；天富一人，以济众人之困，而世反挟所有，以凌人之贫：真天之戮民哉！

【译文】

上天使一个人有才德，本意是要他去教诲愚昧的众人，而人世间有才德的人却在卖弄自己的所长，借以对照他人的短处；上天使一个人富有，本意是要他去救济贫困的人，而人世间的富人却仗着自己的财富去欺凌穷人：这两种人是上天的罪人啊！

中才之人　　高低难成

至人何思何虑，愚人不识不知，可与论学亦可与建功，惟中才的人，多一番思虑知识，便多一番臆度猜疑，事事难与下手。

【译文】

德智高的人无所忧虑，愚蠢的人无知无识。这样倒可以同他们讨论学问，也可以同他们一道建功立业。惟独才能一般的人，懂得一点知识，遇事往往臆测猜疑，事事都难于同他们一道处置。

守口应密　　防意应严

口乃心之门，守口不密，泄尽真机；意乃心之足，防意不严，走尽邪蹊。

【译文】

口是心的大门，口守得不严，就会将机密泄露净尽；意是心的足，意把握得不严，就会彻底走上邪路。

菜 根 谭

责人宜宽　　责己宜严

责人者,原无过于有过之中,则情平;责己者,求有过于无过之内,则德进。

【译文】

责备他人时,应将他人的过错视作无过错一样,而予以原谅。这样做,就能心平气和。自责时,应在无过错时就自省自己的作为,免得出差错。这样做,道德就会不断地完善。

幼时定基　　少时勤学

子弟者,大人之胚胎,秀才者,士大夫之胚胎。此时若火力不到,陶铸不纯,他日涉世立朝,终难成个令器。

【译文】

小孩是大人的雏型,秀才是士大夫的雏型。这个时候,若锻炼的火候不够,陶冶得不纯,日后涉世或做官,难以成为真正的人才。

君子忧乐　　亦怜茕独

君子处患难而不忧，当宴游而惕虑；遇权豪而不惧，对茕独而惊心。

【译文】

君子患难之时不会忧伤，而在宴会和游乐时会警惕和忧虑。面对权贵与豪门人家亦不会畏惧，对孤独的老人却会因他们的境遇而内心震惊。

浓夭淡久　　大器晚成

桃李虽艳，何如松苍柏翠之坚贞；梨杏虽甘，何如橙黄桔绿之馨冽？信乎，浓夭不及淡久，早秀不如晚成也。

【译文】

桃李开花虽鲜艳，可比不上苍松翠柏那种坚贞，梨杏虽甜，如何能比得上黄橙绿桔的芳香呢？真是这样，桃李艳丽的花朵、梨杏浓烈的香气，远比不上松柏的四季长青，橙桔的气馨味香，与其早年得志，还不如大器晚成为好。

静中真境　　淡现本然

风恬浪静中，见人生之真境；味淡声稀处，识心体之本然。

【译文】

风平浪静的生活中，可以看到人生的本来境界，在平淡的生活中，方能体味到人心的本来面貌。

菜根谭

乐者不言　　言者不乐

谈山林之乐者,未必真得山林之趣;厌名利之谈者,未必尽忘名利之情。

【译文】
喜欢谈论隐居山林之乐的人,未必真的能体味到山林生活的乐趣;表面上说厌恶名利的人,其实未必将名利都忘掉了。

省事为适　　无能全真

钓水,逸事也,尚持生杀之柄;弈棋,清戏也,且动战争之心。可见喜事不如省事之为适,多能不若无能之全真。

【译文】
钓鱼是种消闲的事,可钓鱼者本人却掌握着生杀之权;下棋是种洒脱的游戏,可下棋的双方却动着战争胜负的心。由此可见,好事不如省事好,多能还不如无能好,这样可保全自己的原本之性。

艳为虚幻　　枯为胜境

莺花茂而山浓谷艳,总是乾坤之幻境;水木落而石瘦崖枯,才见天地之真吾。

【译文】

鸟语花香,草木茂盛,山一片浓色,峡谷一片艳丽,这只是乾坤的虚幻之境;流水干涸,树木落叶,山石枯瘦,悬崖枯寂,这才能见到天地的本来面目。

天地之闲　　因人而异

岁月本长,而忙者自促;天地本宽,而鄙者自隘;风花雪月本闲,而劳攘者自冗。

【译文】

岁月本来很长久,而整天忙碌者却自己催促着自己,总觉得时间不够;天地本来很宽广,而鄙俗的人却觉得自己的生存空间太狭窄;风花雪月本来是带给人们闲情雅致的,可劳劳碌碌的人却觉得那是多余。

盆池竹屋　　意境高远

得趣不在多,盆池拳石间,烟霞俱足;会景不在远,蓬窗竹屋下,风月自赊。

【译文】

得到情趣并不在东西多与少,即使是一池清水与几块怪石,也可体味到烟霞俱有的那种情趣,观赏天地间的美景并不在远与近,即使在草窗竹屋处,也会感受到清风明月所带来的闲情逸致。

静夜梦醒　　月现本性

听静夜之钟声，唤醒梦中之梦；观澄潭之月影，窥见身外之身。

【译文】

细听静夜时的钟声，便可将做梦者从人生的梦境中唤醒；观看清潭水中的月影，便可窥见形骸之外的真正的自我。

天地万物　　皆是实相

鸟语虫声，总是传心之诀；花英草色，无非见道之文。学者要天机清澈，胸次玲珑，触物皆有会心处。

【译文】

鸟鸣虫叫，是传达内心感受的一种方式；花的艳丽与草的嫩色，无非是展现规律的一种纹饰。搞学问的人应天性清明，灵活敏捷，接触到各种事物都能心领神会。

菜 根 谭

知无形物　　悟无尽趣

人解读有字书,不解读无字书;知弹有弦琴,不知弹无弦琴。以迹用,不以神用,何以得琴书之趣?

【译文】

人们解读的是有字的书,而无字的书难以解读,只知弹有弦的琴,而不知弹无弦的琴。只注重事物的形体,而不去领会其精神,怎么能真正体味到弹琴与读书的乐趣所在呢?

无欲有书　　神仙之境

心无物欲,即是秋空霁海;坐有琴书,便成石室丹丘。

【译文】

心中没有对功名利禄的欲求,这好像秋天的高空与晴朗的海面一样,显得多么阔达明净。坐下来时,有琴与书相伴,就好像深居山洞中的神仙一般。

盛宴散后　　兴味索然

宾朋云集,剧饮淋漓,乐矣,俄而漏尽烛残,香销茗冷,不觉反成呕咽,令人索然无味。天下事,率类此,人奈何不早回头也。

【译文】

宾朋聚宴,痛饮美酒,可谓快乐无比。欢乐的时光顷刻而过,宾朋一走,只剩下残烛、烧尽的香及冰凉的茶水。回想方才的聚宴,反倒觉得叫人呕心,痛感此种聚宴真是索然无味。天下事,一概如此,人们为何还不及早回头呢?

得个中趣　　破眼前机

会得个中趣，五湖之烟月尽入寸里；破得眼前机，千古之英雄尽归掌握。

【译文】

若能弄明白宇宙万物间的真正机趣之所在，那么五湖四海的景色就会融入自己的心中；若能识破眼前天地变化发展的规律，那么，千古英雄的成败得失都可掌握了。

非上上智　　无了了心

山河大地已属微尘，而况尘中之尘；血肉身躯且归泡影，而况影外之影。非上上智，无了了心。

【译文】
山河大地在茫茫的宇宙间只是一粒微尘，更何况人只不过是微尘中的一粒微尘。人的血肉之躯在短短的几十年之后便化为泡影，更何况功名利禄只不过是泡影外的泡影。没有至高无上的智慧，就没有洞悉世间万事万物的心。

人生苦短　　宇宙无限

石火光中争长竞短，几何光阴？蜗牛角上较雌论雄，许大世界？

【译文】
在电光石火般短暂的人生中争长竞短，究竟能赢得多少光阴呢？在蜗牛角般狭窄的天地里争出个我雄你雌来，究竟能得到多大的世界？

极端空寂　　过犹不及

寒灯无焰，敝裘无温，总是播弄光景；身如槁木，心似死灰，不免堕在顽空。

【译文】
微弱的灯光已无火焰可言，破烂的皮衣已无法保温。这是上天在耍弄世间的人。身躯若枯干的树，心若死灰，这种人不免要坠入昏庸顽钝的虚空里。

休无休时　　了无了时

　　人肯当下休，便当下了。若要寻个歇处，则婚嫁虽完，事亦不少。僧道虽好，心亦不了。前人云："如今休去便休去，若觅了时无了时。"见之卓矣。

【译文】

　　人在该当停歇时就得停歇。若要找个歇息处，那就像虽然婚嫁已完，而事情依然不少。出家的办法尽管不错，可出家人依然没有了却心中的欲念。古人说："现在能罢休就快快罢休。若想寻觅完结的时候，那就永远无法完结。"这真可谓远见卓识啊。

从冷视热　从冗入闲

从冷视热，然后知热处之奔驰无益；从冗入闲，然后觉闲中之滋味最长。

【译文】

退出名利场后再去看那热闹的名利场，便觉得在名利场争名夺利实在无益；从忙忙碌碌的生活转入清静悠闲的生活后，便觉得安闲自在的乐趣最能久长。

轻视富贵　不溺酒中

有浮云富贵之风，而不必岩栖穴处；无膏肓泉石之癖，而常自醉酒耽诗。

【译文】

有视富贵若浮云的境界，就不必住深山洞穴；没有爱山石清泉的癖好，却常常醉酒做诗。

不嫌人醉　不夸己醒

竞逐听人，而不嫌尽醉；恬淡适己，而不夸独醒。此释氏所谓"不为法缠，不为空缠，身心两自在者。"

【译文】

任凭别人去追名逐利，即使别人醉心于功名利禄，也不要嫌弃他。应保持恬淡的心怀，决不夸耀惟有自己是清醒的。这正是佛教所说的"不为物欲所迷惑，不为虚幻所迷惑，身心两逍遥"。

心闲日长　　意广天宽

延促由于一念，宽窄系之寸心。故机闲者，一日遥于千古；意广者，斗室宽若两间。

【译文】

漫长与暂短是主观意识的产物，宽与窄是心中的感觉。因此，闲适寡欲的人过一天好似千古那么长；心胸宽广的人住一间斗室，也觉得宽广如天地。

栽花种竹　　去欲忘忧

损之又损，栽花种竹，尽交还乌有先生；忘无可忘，焚香煮茗，总不问白衣童子。

【译文】

应将私欲一次次减少，栽花种竹以便有精神寄托，将自己的所有忧愁与不快统统抛给乌有先生。应将世俗的繁琐之事统统忘掉，烧几炷香，煮一壶茶，就是有白衣童子送酒来也不问他的名姓。

知足则仙　　善用则生

都来眼前事，知足者仙境，不知足者凡境；总出世上因，善用者生机，不善用者杀机。

【译文】

面对世上的种种东西，知足者则会觉得自己就像生活在仙境中那样快活无比，而不知足者只好为世俗所困扰。世上的种种事情都有其发生的原因，善于处置者，则有好的机遇；不善于处置者，则会处于危局。

附势遭祸　　守逸味长

趋炎附势之祸，甚惨亦甚速；栖恬守逸之味，最淡亦最长。

【译文】

依附有权有势的人，所遭受的祸患最为惨，且祸患来得又很快；过恬静安逸的生活的人，虽生活平淡无味，但能保持久长。

松涧望闲云　　竹夜见风月

松涧边，携杖独行，立处云生破衲；竹窗下，枕书高卧，觉时月侵寒毡。

【译文】

在松树林立的溪涧边，手拄着拐杖独自漫步，站到高处，看到自己破烂的长袍为云雾所笼罩。竹窗下，枕着书躺下睡去，觉醒后发现月光清彻，寒气浸透了毡子。

欲时思病　　利来思死

色欲火炽，而一念及病时，便兴似寒灰；名利饴甘，而一想到死地，便味如嚼蜡。故人常忧死虑病，亦可消幻业而长道心。

【译文】

性欲若炽烈的火焰一般，无法忍受时，只要想到得病时的苦痛，就会使冲动马上消去，肉欲的兴味就会化为死灰那样。功名利禄若蜜糖般引人，可一想到因贪求功名利禄而招致死亡的事，那种贪求的兴味就会变得像嚼蜡一般乏味。因此，人应当常常想到死与病，这样就可以清除虚幻的想头，进而长一些道德之心。

退后一步　　清淡一分

争先的径路窄，退后一步，自宽平一步；浓艳的滋味短，清淡一分，自悠长一分。

【译文】

众人抢着先行的路必然狭窄，后退一步，那路自然会宽一步。好求浓香食品的，食物入口尝到的滋味反而不像想象中那么浓香；清淡一些的食物，尝到的滋味却能在口中留得长久一些。

忙不乱性　　死不动心

忙处不乱性，须闲处心神养得清；死时不动心，须生时事物看得破。

【译文】

要想在忙乱中不乱了心性，清闲时就得将心思定准，将精力养足；要想在临死前不留有遗憾，不感到后悔，就得在活着的时候将世间的一切全看开。

隐无荣辱　　道无炎凉

隐逸林中无荣辱，道义路上无炎凉。

【译文】

　　对于隐居山林中的人来说，无所谓荣与辱；大踏步走在道义路上的人，根本不去理会什么世态炎凉。

心静自然凉　　乐观无穷愁

　　热不必除，而除此热恼，身常在清凉台上；穷不可遣，而遣此穷愁，心常居安乐窝中。

【译文】

　　热倒不必除，要除的是热带来的烦恼,心境应永远保持清凉之状。穷困不一定能消除，而要消除因穷困而带来的忧愁，应当常常保持安乐的心态。

菜 根 谭

进时思退　　得手思放

进步处便思退步，庶免触藩之祸；著手时先图放手，才脱骑虎之危。

【译文】

飞黄腾达之时要想到隐退之事，可以避免进退两难所带来的祸患；得手时要想到罢手之事，如此才能避免骑虎难下的危局。

贪者常贫　　知足常富

贪得者分金恨不得玉，封公怨不授侯，权豪自甘乞丐；知足者藜羹旨于膏粱，布袍暖于狐貉，编民不让王公。

【译文】

贪婪的人分到金子，还恨不能得到玉；封为公爵，还抱怨没有封为侯爵；本来是权豪之家，可甘心做精神乞丐。知足的人吃野菜觉得比鱼肉还要美味，穿布袍比狐皮貉裘还暖和，尽管是平民，可比王公还过得自在舒畅。

隐者多趣　　省事心闲

矜名不若逃名趣，练事何如省事闲。

【译文】

夸耀自己的名声不如逃避名声更有情趣，通达世事不如省事更为悠闲。

菜 根 谭

自得之士　　逍遥自适

嗜寂者，观白云幽石而通玄；趋荣者，见清歌妙舞而忘倦。唯自得之士，无喧寂，无荣枯，无往非自适之天。

【译文】

喜好宁静的人，看到白云与幽石就能领悟出其中的玄妙；偏好荣华的人，听到清歌看到妙舞，就会忘掉疲倦。惟有自得的人，无喧闹或寂寞带来的烦恼，无盛衰或穷达带来的苦恼，走到哪里都有他自得闲适的天地。

菜 根 谭

孤云出岫　　朗镜悬空

孤云出岫,去留一无所系;朗镜悬空,静躁两不相干。

【译文】

　　孤云由山谷中飘出,是去是留没有任何牵挂;明月若镜子一般悬挂天空,人间的静与躁同它无关。

浓处味短　　淡中趣真

　　悠长之趣,不得于浓酽,而得于啜菽饮水;惆恨之怀,不生于枯寂,而生于品竹调丝。故知浓处味常短,淡中趣独真也。

【译文】

　　悠长的趣味不是从浓烈的酒中得来,而是从清淡的豆类与水这些普通食物中得来;惆怅与怨恨不生于枯寂之中,而生于声色之中。由此便知,浓厚的味道常常散得快,惟独淡泊中的趣味真实可靠。

高寓于平　难出于易

禅宗曰："饥来吃饭倦来眠。"诗旨曰："眼前景致口头语。"盖极高寓于极平，至难出于至易；有意者反远，无心者自近也。

【译文】

禅宗偈语说得好："饥饿时吃饭，疲倦时睡觉。"作诗的宗旨为："以口头语言表达眼前的景致。"原来这些话已将极为深刻的哲理寓于极为平淡的语言中了；最难的事可以从最易处着手去处理。有意去追求的人，往往适得其反；无意于追求的人，往往能接近于事情的本质，将事情促成。

喧中见寂　有入于无

水流而境无声，得处喧见寂之趣；山高而云不碍，悟出有入无之机。

【译文】

流水哗哗响，而岸边的人竟然听不到响声，可见喧闹中依然能品味出寂静之趣。山高而云彩不受阻碍，由此能从有我中悟出无我的玄妙之处。

菜 根 谭

心无系恋　　乐境仙都

山林是胜地,一营恋变成市朝;书画是雅事,一贪痴便成商贾。盖心无染著,欲境是仙都;心有系恋,乐境成苦海矣。

【译文】

居于山林胜地并非坏事,可过分贪恋山居,山林也会成为俗市;欣赏书画本来是高雅之举,可过分贪痴,也就变成了商人。心灵纯洁,不受染著,就是在欲境中也像在仙境中一样。心中牵挂太多,本来处于的乐境也会变为苦海。

静躁稍分　　昏明顿异

时当喧杂,则平日所记忆者,皆漫然忘去;境在清宁,则夙昔所遗忘者,又恍尔现前。可见静躁稍分,昏明顿异也。

【译文】

喧闹嘈杂的时候,人会将平时所记的事情忘掉,静下来之后,又会将往日忘记的事情再次浮现于眼前。可见,宁静与嘈杂只是稍有点差别,但糊涂和明白顿时就不一样了。

卧雪眠云　　绝俗超尘

芦花被下,卧雪眠云,保全得一窝夜气;竹叶杯中,吟风弄月,躲离了万丈红尘。

【译文】

用芦花做被,以雪地做床,以浮云做帐,在如此环境下安然休息,得以保全一团良知良能。用竹叶做酒杯,吟咏风花雪月,采取这样的方式生活,则可躲离尘世间的凡俗纷扰。

浓不胜淡　俗不如雅

衮冕行中，著一藜杖的山人，便增一段高风；渔樵路上，著一衮衣的朝士，转添许多俗气。固知浓不胜淡，俗不如雅也。

【译文】

在官吏的行列中，若遇上一位手持藜杖隐居山林的高人，便可增添一种高雅的风韵；在渔夫樵夫来往的路上，若遇上一位身着朝服的官吏，反而会增添许多俗气。因此说，浓艳不如清淡，俗气不如高雅。

出世涉世　了心尽心

出世之道，即在涉世中，不必绝人以逃世；了心之功，即在尽心内，不必绝欲以灰心。

【译文】

脱俗的办法就在尘世间找，不必隔绝世人去隐退山林；彻悟本心的功夫就在于尽心体味，不必断绝欲念而心如死灰。

菜根谭

身放闲处　　心安静中

此身常放在闲处，荣辱得失谁能差遣我；此心常安在静中，是非利害谁能瞒昧我。

【译文】

让自己经常处于安闲之中，荣辱得失又如何能差遣我呢？让自己的心经常处于宁静之中，是非利害又如何能欺骗得了我呢？

云中世界　　静里乾坤

竹篱下，忽闻犬吠鸡鸣，恍似云中世界；芸窗中，谛听蝉吟鸦噪，方知静里乾坤。

【译文】

站立于竹篱下，忽听得鸡鸣狗吠，使人觉得恍惚处在云中仙界；在书房中读书，细听得蝉鸣鸦噪，方知道宁静中另有天地。

不忧利禄　　不畏仕祸

我不希荣，何忧乎利禄之香饵？我不竞进，何畏乎仕宦之危机？

【译文】

我不希求荣华富贵，为何会担忧利禄的诱惑呢？我不想升官，为何会害怕官场上出现的危机呢？

山泉去凡心　　书画消俗气

徜徉于山林泉石之间，而尘心渐息；夷犹于诗书图画之内，而俗气潜消。故君子虽不玩物丧志，亦常借境调心。

【译文】

在山林泉石处安闲自在地漫步，尘世间的凡心杂念就会逐渐平息；在读书、作画之中寄托情趣，俗气就会悄然消失。因此说，君子虽然不是玩物丧志，却也常常可以借助外物调节心绪。

菜 根 谭

秋日清爽　　神骨俱清

春日气象繁华，令人心神骀荡，不若秋日云白风清，兰芳桂馥，水天一色，上下空明，使人神骨俱清也。

【译文】

春天气象万千，令人心旷神怡，但并不如秋天那样云白风清，兰花与桂花清香，秋水与浩天共一色，天地上下一片清明，使人的精神与躯体都清爽无比。

得诗真趣　　悟禅玄机

一字不识，而有诗意者，得诗家真趣；一偈不参，而有禅味者，悟禅教玄机。

【译文】

一个字都不识，而富有诗意的人，也能会领悟到诗的真趣；一句偈语都不参悟，却富有禅味的人，其实已领悟了禅教的玄机。

好用心机　　杯弓蛇影

机动的，弓影疑为蛇蝎，寝石视为伏虎，此中浑是杀气；念息的，石虎可作海鸥，蛙声可当鼓吹，触处俱见真机。

【译文】

善用心机的人，疑心杯中的弓影是蛇蝎，视草中的石头为蹲着的老虎，心中充满杀机；意念平息的，将石虎视为海鸥，将蛙声视作鼓吹，凡触及之处都能见到自然界的真意。

菜根谭

身心自如　　融通自在

身如不系之舟，一任流行坎止；心似既灰之木，何妨刀割香涂。

【译文】

身体像是没有系上缆绳的小船，完全随着水流漂行和停泊；内心已经如同烧成灰的树木，不管是刀割之苦还是赞美之词都不会动心。

盛衰始终　　自然之理

发落齿疏，任幻形之凋谢；鸟吟花开，识自性之真如。

【译文】

人年迈之时头发脱落，牙齿稀疏，就任自己的躯体衰败好了；听着鸟儿的鸣叫，看着鲜花的开放，可以悟到人与自然的本性和规律是不变的。

无欲则寂　　虚心则凉

欲其中者,波沸寒潭,山林不见其寂;虚其中者,凉生酷暑,朝市不知其喧。

【译文】

心中充满欲念的人,即便身处寒冷的深潭,也会使波浪燃得沸腾起来;即便身处山林,也难以让心平静。无欲念的人,即便在酷暑之时,也会觉得凉爽;即便在在早上的集市上,也不觉得喧闹。

贫则无虑　　贱则常安

多藏者厚亡,故知富不如贫之无虑;高步者疾颠,故知贵不如贱之常安。

【译文】

聚藏财富过多的人,一旦损失,丢掉的财富就会很多,可见富人不如贫穷的人活得无忧无虑;官位高的人一旦有个闪失,会跌得更惨,可见官位高的人不如卑贱的人活得平安。

晓窗读易　　午案谈经

读《易》晓窗,丹砂研松间之露;谈经午案,宝磬宣竹下之风。

【译文】

早晨于窗下读《易经》,以松树上的露珠来研磨朱砂,以便评点批阅,中午在书桌旁谈论佛经,只听得宝磬之声伴着竹林里的清风传到很远的地方。

花失生机　　鸟减天趣

花居盆内终乏生机，鸟入笼中便减天趣。不若山间花鸟错集成文，翱翔自若，自是悠然会心。

【译文】

将花移入盆内，花则缺乏生机；将鸟关入笼里，鸟则减少了盎然的生趣。不如让山间的花鸟聚集一起，构成美妙的景观，让鸟儿自由飞翔。如此才能悠然领会花鸟带来的美妙情趣。

诸多烦恼　　因我而起

世人只缘认得我字太真，故多种种嗜好，种种烦恼。前人云："不复知有我，安知物为贵。"又云："知身不是我，烦恼更何侵？"真破的之言也。

【译文】

世人只因将"我"字看得太重，因此才会有种种嗜好，种种烦恼。古人说："若不再知道有我的存在，哪里还能知道东西的贵重呢？"古人又说："若知道自身并不是属于我这个人的，那烦恼又如何能危害我呢？"这真是一语道破了人生真谛呀！

少时思老　　荣时思枯

　　自老视少，可以消奔驰角逐之心；自瘁视荣，可以绝纷华靡丽之念。

【译文】

　　以自己老了之后的眼光来看自己现今少年时候的所作所为，就会大大消除全力追求功名利禄的心理；以自己日后一旦疲惫不堪、心力交瘁时的眼光来看待眼下自己精力旺盛、血气方刚的样子，就会绝了追求荣华富丽与奢华无忌的念头。

人情世态　　倏忽万端

　　人情世态，倏忽万端，不宜认得太真。尧夫云："昔日所云我，而今却是伊。不知今日我，又属后来谁。"人常作是观，便可解却胸中挂矣。

【译文】

　　世间人情冷暖，变化得太快，不必将一切看得太认真。宋代大儒尧夫（邵雍）说得好："往日说的是我，而今说的又是他。真不知道今日说的是我，往后又说谁！"人们只要能这样想，就可将胸中的牵挂消除掉了。

热中取静　　冷处热心

　　热闹中着一冷眼，便省许多苦心思；冷落处存一热心，便得许多真趣味。

【译文】

　　热闹中以冷静的眼光看待一切，就会省去许多烦心的事，冷落时存一分热切向上的心，就会享受到许多真正的乐趣。

寻常人家　　最为安乐

有一乐境界,就有一不乐的相对待;有一好光景,就有一不好的相乘除。只是寻常家饭,素位风光,才是个安乐的窝巢。

【译文】

有一个快乐的境界,就有一个不快乐的境界相对着;有一个好光景,就有一个不好的光景相对着。惟有家常便饭与平常的风光才是安乐之所在。

乾坤自在　　物我两忘

帘栊高敞，看青山绿水吞吐云烟，识乾坤之自在；竹树扶疏，任乳燕鸣鸠送迎时序，知物我之两忘。

【译文】

卷起窗帘，敞开窗户，观赏青山绿水与云烟缭绕之状，方可感知到乾坤真是自在非常。竹林茂密，任凭小燕子与鸣叫的鸠鸟送迎着四季的交替，可领悟到物我两忘的高深境界。

生死成败　　任其自然

知成之必败，则求成之心不必太坚；知生之必死，则保生之道不必过劳。

【译文】

懂得成功中就埋下失败的种子，那么求取成功的心就不必太坚定；懂得生下来活一辈子早晚也得死，那么对于养生之道就不必过分操劳。

水流境静　　花落意闲

古德云："竹影扫阶尘不动，月轮穿沼水无痕。"吾儒云："水流任急境常静，花落虽频意自闲。"人常持此意，以应事接物，身心何等自在。

【译文】

古代一位贤人说："竹子的影子在台阶上扫过，尘土不会飞起来；月亮的影子穿过池沼，水面不会起波纹。"一位儒家学派的人说："水流得再急，周围的环境依旧安静；花落得虽频繁，可心中依旧安闲。"一个人若能常常保持此种心态，以待人处事，那他的心中该是多么自在啊！

自然乐曲　　乾坤文章

林间松韵，石上泉声，静里听来，识天地自然鸣佩；草际烟光，水心云影，闲中观去，见乾坤最上文章。

【译文】

林间松涛之声，石上泉水之声细细听来，确实能体味到天地间的神妙之所在。草丛上方弥漫着烟雾，水中白云的倒影，在悠闲之时望去，真可谓天地间最上乘的文章。

溪壑易填　　人心难满

眼看西晋之荆榛，犹矜白刃；身属北邙之狐兔，尚惜黄金。语云："猛兽易伏，人心难降；溪壑易填，人心难满。"信哉！

【译文】

眼看原来武功最盛的晋就要灭亡，居然还有豪门出身的人在炫耀自己精良的兵器；眼看就要变成北邙狐兔的食物了，还在吝惜自己的那些黄金。俗话说："猛兽容易制伏，而人心难以征服；溪壑容易填平，而人心难以满足。"这是多么真实的说法啊！

菜 根 谭

心无风涛　　性有化育

心地上无风涛，随在皆青山绿树；性天中有化育，触处见鱼跃鸢飞。

【译文】

心中平静无杂事袭扰，随处所见尽是青山绿水般的美景；天性中有仁爱化育万物的一面，所触及到的东西都像见到鱼跃鸟飞那样自由自在令人开心。

贵贱高低　　自适其性

峨冠大带之士，一旦睹轻蓑小笠，飘飘然逸也，未必不动其咨嗟；长筵广席之豪，一旦遇疏帘净几，悠悠焉静也，未必不增其绻恋。人奈何驱以火牛，诱以风马，而不思自适其性哉？

【译文】

头戴高帽身着华服的官人，一旦见到头戴斗笠身着蓑衣的百姓飘然自在的样子，未必不叹息一番；过惯了筵席生活的豪门之家，一旦见到帘疏几净的百姓悠闲自若的样子，未必不增添几分眷恋之情。人们为何还要以火牛阵相对抗，发动战争，在政治上相互引诱欺骗，做些不相干的事情，而不去过清淡的生活以适应其天性呢？

菜 根 谭

鱼得水游　　鸟乘风飞

鱼得水游,而相忘乎水;鸟乘风飞,而不知有风。识此可以超物累,可以乐天机。

【译文】

鱼在水中自由自在地游动,但竟忘记了是在水中;鸟乘风飞翔,但竟不知道是风在支撑着它。懂得这种道理,就可以超脱世间外在事物的拖累与束缚,就可以享受到天赐的乐趣。

菜 根 谭

盛衰无常　　强弱安在

狐眠败砌，兔走荒台，尽是当年歌舞之地；露冷黄花，烟迷衰草，悉属旧时争战之场。盛衰何常？强弱安在？念此令人心灰。

【译文】

狐狸藏身的残墙断壁，兔子出没的荒凉楼台，当年都是歌舞之地；露珠凉，花儿枯黄，衰败的草上蒙着迷蒙的烟雾，这里全是当年争战的地方。昌盛与衰亡哪能久长？强大与弱小又在何处？想到这些，真叫人心灰意冷。

宠辱不惊　　去留无意

宠辱不惊，闲看庭前花开花落；去留无意，漫随天外云卷云舒。

【译文】

不管是受宠还是受辱，都不会感到意外，不会震惊，就像悠闲地观赏着庭前花开花落的景象；不管是遭贬还是升官，都不在意，就像随意观望天空中云彩的舒来卷去，听其自然。

高天可翔　　万物可饮

晴空朗月，何天不可翱翔，而飞蛾独投夜烛；清泉绿草，何物不可饮啄，而鸱枭偏嗜腐鼠。噫！世之不为飞蛾鸱枭者，几何人哉？

【译文】

晴空万里，朗月高照，天空中哪一处不能翱翔呢？而飞蛾却偏要于夜里扑向烛火。清泉绿草，哪一种东西不能饮不能吃呢？而猫头鹰却偏要吃腐臭的死老鼠。唉，世上不像飞蛾与猫头鹰那样的人又有几个呢？

求心内佛　　却心外法

才就筏便思舍筏，方是无事道人；若骑驴又复觅驴，终为不了禅师。

【译文】

登上竹筏便想着过了河要弃掉竹筏，这样才算是不受外物搅扰的道人；骑着驴又想找另一头驴，这样就无法成为了却世俗的禅师。

冷情当事　　如汤消雪

权贵龙骧，英雄虎战，以冷眼视之，如蚁聚膻、如蝇竞血；是非蜂起，得失猬兴，以冷情当之，如冶化金，如汤消雪。

【译文】

权贵若龙一般炫耀自己，英雄若猛虎一般搏战。以冷静的眼光看待他们，其实他们只是像蚂蚁那样聚集在腥膻味旁抢着吃食，像蚊虫苍蝇那样竞相吸血。是非的议论如蜂群涌起，得失的评论若刺猬毛那样密集。以冷静的头脑去应对，那正像于炉中冶金、用开水化雪一样，它们会自然消融的。

菜 根 谭

物欲可哀　　性真可乐

羁锁于物欲,觉吾生之可哀;夷犹于性真,觉吾生之可乐。知其可哀,则尘情立破,知其可乐,则圣境自臻。

【译文】

被物欲所羁绊,便会感到自己一生的可悲;如果去除杂念,徘徊在人的天性之中,便会觉得自己一生还是快乐的。既然知道一生可悲,就当立即破除世俗的情缘;既然知道一生能够快乐,就会逐步地去达到神圣的境界。

胸无物欲　　眼自空明

胸中即无半点物欲,已如雪消炉焰冰消日;眼前自有一段空明,明见月在青天影在波。

【译文】

心中连半点儿物欲都没有,这已经很像炉火消融了雪、阳光化掉了冰一样。眼前一片空明,时时见到皓月高挂、水中映出月亮的倒影,心中宁静清爽。

林岫江畔　　诗兴自涌

诗思在灞陵桥上,微吟就,林岫便已浩然;野兴在镜湖曲边,独往时,山川自相映发。

【译文】

灞陵桥上送别时诗兴大发,低声吟诵之后诗作就成了,山林峰峦浩然之气充满了诗中;独自行走在镜湖畔曲折的江边,则会看到山水相互辉映的美妙景观。

菜根谭

伏久飞高　　开先谢早

伏久者飞必高,开先者谢独早。知此,可以免蹭蹬之忧,可以消躁急之念。

【译文】

在地上伏得久了的鸟,必是会飞得很高;花开得越早,凋谢得越快。懂得了这个道理,便可消除失意潦倒之忧,也可消除急躁的心理。

菜 根 谭

花叶成梦　　玉帛成空

树木至归根,而后知华萼枝叶之徒荣;人事至盖棺,而后知子女玉帛之无益。

【译文】

树木枯萎之时,方知其当时鲜艳的花朵与茂盛的枝叶只不过是一时的徒有繁茂而已;人到了去世之后盖棺定论之时,才知道其当初活着的时候追求子女众多、玉帛成堆是徒劳无用的。

真空不空　　在世出世

真空不空,执相非真,破相亦非真,问世尊如何发付?在世出世,徇欲是苦,绝欲亦是苦,听吾侪善自修持。

【译文】

超出色相的境界,不会看空一切;执著于外在形相,也不会看清事物的真相;破除外在形相,同样不会看清事物的真相。请问佛陀这个道理该如何解释?身处尘世却要超脱于尘世之外,追求私欲是种痛苦之事,而绝除私欲也是种痛苦之事。只有靠我们每个人潜心修持才会做到尽善尽美了。

欲有尊卑　　贪无二致

烈士让千乘，贪夫争一文，人品星渊也，而好名不殊好利；天子营家国，乞人号饔飧，分位霄壤也，而焦思何异焦声。

【译文】

义士能将千乘让与人，而贪婪的人竟为一文钱与他人相争。这两种人的人品有天壤之别，不过义士好名的心理同贪婪的人贪财无度的心理没有什么区别。天子管理国家大事，乞丐到处乞讨。这两种人的身份地位确实是天壤之别，但天子对国家的忧思与乞丐苦苦的乞讨声并没有什么区别。

菜 根 谭

覆雨翻云　　总慵开眼

　　饱谙世味，一任覆雨翻云，总慵开眼；会尽人情，随教呼牛唤马，只是点头。

【译文】
　　饱尝世间酸甜苦辣的人，任凭世道邪恶，翻云覆雨，反复无常，都懒得睁开眼去弄个究竟；饱受了世间人情冷暖的折磨的人，纵然让人呼牛唤马般地驱使着，也只好一味地点头承受。

前念后念　　随缘打发

　　今人专求无念，而终不可无。只是前念不滞，后念不迎，但将现在的随缘打发得去，自然渐渐入无。

【译文】
　　今人专求心中无杂念，可最终也没有办法做到心中完全无杂念。只要从前的杂念不留于心中，不生出后来的杂念，将现今的杂念随缘打发掉，自然会逐渐做到无杂念。

偶会佳境　　自然真机

　　意所偶会便成佳境，物出天然才见真机，若加一分调停布置，趣意便减矣。白氏云："意随无事适，风逐自然清。"有味哉！其言之也。

【译文】
　　意念有时会因偶尔的彻悟而达到美妙的境界，事物须出自天然方可见其真的机趣。如若加进一分人为的安排，趣意就会减少。白居易的诗句说得好："意随无事适，风逐自然清。"多么有韵味的诗句啊！诗中所言确实是这个意思。

菜 根 谭

性天澄澈　　何必谈禅

性天澄澈，即饥餐渴饮，无非康济身心；心地沉迷，纵谈禅演偈，总是播弄精魂。

【译文】

天性澄澈的人，饿了就吃，渴了就喝，这样做无非是为着促进身心健康；心地迷乱的人，纵使在谈论什么佛偈，也是在白白浪费精力。

人有真境　　即可自愉

人心有个真境，非丝非竹而自恬愉，不烟不茗而自清芬。须念净境空，虑忘形释，才得以游衍其中。

【译文】

心中有着真正的境界，不要丝竹管弦之音也会感到闲适快慰，不焚香不喝茶也会觉得清芳。须意念澄静，心境虚空，忘却忧愁，摆脱形体束缚。惟如此才能游荡于理想的境界之中。

菜　根　谭

幻以求真　　雅中求俗

　　金自矿出，玉从石生，非幻无以求真；道得酒中，仙遇花里，虽雅不能离俗。

【译文】
　　金子由矿砂中提炼出来，美玉是从石头中雕琢出来的。这是说，无幻就难以求得真。道理可以在饮酒中悟出，神仙也许能在声色场或繁花丛中遇见，即使是高雅的东西也脱离不了凡俗。

俗眼观异　　道眼观常

　　天地中万物，人伦中万情，世界中万事，以俗眼观，纷纷各异，以道眼观，种种是常，何须分别，何须取舍？

【译文】
　　天地间万物，人伦中万情，世界上万事，若以世俗的眼光看，各有所异；若以道的眼光看，各样皆为平常，何必要加以区别呢？何必要予以取舍呢？

布被神酣　　藜羹味足

　　神酣，布被窝中，得天地冲和之气；味足，藜羹饭后，识人生淡泊之真。

【译文】
　　坦然熟睡在布被窝中，可以吸取天地间平和的元气；乐于吃粗茶淡饭的人，方可体味到人生淡泊的真正乐趣。

菜 根 谭

了心悟性　　俗即是僧

缠脱只在自心，心了则屠肆糟糠，居然净土。不然，纵一琴一鹤，一花一卉，嗜好虽清，魔障终在。语云："能休尘境为真境，未了僧家是俗家。"信夫。

【译文】

是缠绕还是解脱，只看自己的内心如何了。只要内心能彻悟，即使屠户酒肆也能成为净土。若内心不能彻悟，即使是带琴养鹤作为消遣，种花养草作为自慰，爱好虽高雅，可魔障仍存在。俗话说："能摆脱尘世方可进入真正的境界。不能彻悟的僧人依然是个世俗的凡人。"确实是这样。

菜 根 谭

万虑都捐　　一真自得

斗室中,万虑都捐,说甚画栋飞云,珠帘卷雨;三杯后,一真自得,惟知素琴横月,短笛吟风。

【译文】

住在小小的斗室中,欲念全然抛掉,还会有什么心思去想雕梁画栋飞檐入云的理想之屋?三杯酒喝过之后,真实的天性就会出现,此时只知在明月下弹琴,吹短笛吟咏轻风了。

天性未枯　　机神触事

万籁寂寥中,忽闻一鸟弄声,便唤起许多幽趣;万卉摧剥后,忽见一枝擢秀,便触动无限生机。可见性天未曾枯槁,机神最宜触发。

【译文】

万籁俱静、甚为寂寥之时,忽听得一声鸟叫,便会唤起许多幽趣;所有花草均已凋谢之时,忽见一枝花正在开放,便会被触动,感受到无限生机。可见人的天性未曾枯竭消失,认知天地机微玄妙的能力正宜常受自然界的触发。

把柄在手　　收放自如

白氏云:"不如放身心,冥然任天造。"晁氏云:"不如收身心,凝然成寂定。"放者流为猖狂,收者入于枯寂。惟善操身心者,把柄在手,收放自如。

【译文】

白居易说:"不如放任身心,默默地听从上天的造化。"晁迥说:"不如收敛身心,静静地归向寂定。"放任会使人变得猖狂。收敛身心会使人变得枯寂。惟有善于把握自己身心的人,控制的主动权操于自己手中,是收是放会把握自如。

造化人心　　混合无间

当雪夜月天，心境便尔澄澈；遇春风和气，意界亦自冲融。造化，人心，混合无间。

【译文】

在雪花飞舞的夜晚或明月高照的夜晚，心境会异常澄澈；春风吹来、天气暖和之时，意境也会自然融通。大自然和人心本来就是融合无间的。

菜根谭

文以拙进　　道以拙成

文以拙进，道以拙成，一拙字有无限意味。如桃源犬吠，桑间鸡鸣，何等淳庞。至于寒潭之月，古木之鸦，工巧中便觉有衰飒气象矣。

【译文】

文章讲求质朴无华才有进步，道讲求诚心才能修成。一个"拙"字含有无限的意味。正如桃花源中的犬吠与桑树间的鸡鸣，那是何等的淳朴啊。至于寒潭中月亮的倒影，古老树木上的乌鸦，尽管工巧，但带给人的是衰微的感觉。

以我转物　　大地逍遥

以我转物者，得固不喜，失亦不忧，大地尽属逍遥；以物役我者，逆固生憎，顺亦生爱，一毫便生缠缚。

【译文】

我来主宰事物，得到也不觉得多么高兴，失去也不觉得有什么忧愁。如此一来，大地上生存的我感到分外消遥。让事物来左右我，不顺心时固然心生怨恨，顺心时又会生出贪恋之心，一丁点儿小事就会将自己缠住。

菜 根 谭

形影皆去　　心境皆空

理寂则事寂，遣事执理者，似去影留形；心空则境空，去境存心者，如聚膻却蚋。

【译文】

世间的道理与事物如同影子与形体一样是分不开的。理若空寂，事也必然空寂。舍弃事情而专注于理的人，好像去除影子而留下形体那样。内心空寂，外在的环境也会空寂。舍弃环境而执著于寻求本心，就好像聚集了腥臭又去驱赶蚊蝇那样困难。

任其自然　　旨在自适

幽人清事总在自适,故酒以不劝为欢,棋以不争为胜,笛以无腔为适,琴以无弦为高,会以不期约为真率,客以不迎送为坦夷。若一牵文泥迹,便落尘世苦海矣!

【译文】

幽居的人行高雅的事,是在适应于自身的兴趣。因此,饮酒时以不劝酒为乐事,下棋以不争胜负为高明,吹笛时以自我陶醉为宜,弹琴以不经意为高雅,相会以不邀约为真诚,宾客以不迎送为坦荡。若为清规戒律所缠绕,就会掉进尘世的苦海当中。

菜 根 谭

思及生死　万念灰冷

试思未生之前有何像貌，又思既死之后作何景色？则万念灰冷，一性寂然，自可超物外，而游像先。

【译文】

试想未出生之前哪有什么相貌可言，再想想死了以后还能有什么形象，那么万念就会俱灰，内心就会寂静，自然会超然物外，优游于万象产生之前的浑沌世界了。

福祸生死　须有卓见

遇病而后思强之为宝，处乱而后思平之为福，非蚤智也；幸福而先知其为祸之本，贪生而先知其为死之因，其卓见乎。

【译文】

遇到疾病才会想到身体康健最为宝贵，处于变乱之时才会想到平安的幸福所在。这算不上预知的智慧。获得幸福，预先就知道幸福其实是祸患的根源；贪恋活着，预先就知道这样活着其实是死亡的前提。这种见识才是真正的卓见。

妍丑胜负　今又安在

优人傅粉调朱，效妍丑于毫端，俄而歌残场罢，妍丑何存；弈者争先竞后，较雌雄于着子，俄而局尽子收，雌雄安在？

【译文】

演戏的伶人涂脂抹红，美与丑表现得活灵活现。歌舞很快结束，场子也便散了。此时美与丑哪里还存在？下棋的人争先恐后，想争个雌雄高低。不一会儿，下棋结束，棋子收起，方才的雌雄高低还会存在吗？

菜 根 谭

风花竹石　　静闲得之

风花之潇洒,雪月之空清,惟静者为之主;水木之荣枯,竹石之消长,独闲者操其权。

【译文】

清风吹拂,花儿飘动,好不潇洒;雪夜中明月当空,一片美景。惟有心沉静的人,才能成为这般美景的主宰。水边树木的茂盛或枯朽,竹林间石头的消长,惟有悠闲自若的人才能真正欣赏。

天全欲淡　　人生至境

田父野叟,语以黄鸡白酒则欣然喜,问以鼎食则不知;语以温袍短褐则油然乐,问以衮服则不识。其天全,故其欲淡,此是人生第一个境界。

【译文】

田地里耕耘的农夫与野外干活的老人,问到黄鸡白酒时则欣喜,问到山珍海味时则全然不知;谈到暖和的粗布袍与麻布短衣就高兴,问到朝服则全然不知。他们的天性纯朴,故而欲求甚淡。这真可谓人生的头等境界。

本真即佛　　何待观心

心无其心,何有于观,释氏曰"观心"者,重增其障;物本一物,何待于齐?庄生曰:"齐物者,自剖其同。"

【译文】

心本不存在本性和尘染之心的区别,有什么要反观的呢?佛家所说的观心,其实是增加了修持的障碍。万物本是同一体的,何必又要去划齐呢?庄子说:"物我本来是一齐的,现在要把本来同一的物体划齐,岂不是要把同一体的东西又分开了。"

悬崖撒手　苦海离身

笙歌正浓处,便自拂衣长往,羡达人撒手悬崖;更漏已残时,犹然夜行不休,笑俗士沉身苦海。

【译文】

笙歌正浓之时,便拂衣而去毫不留恋。豁达的人能在悬崖处勒马及时抽身,真令人羡慕。夜深人静时,竟有人忙于奔波。俗士将自己投入苦海,真是可笑啊。

修行绝尘　　悟道涉俗

把握未定，宜绝迹尘嚣，使此心不见可欲而不乱，以澄吾静体；操持既坚，又当混迹风尘，使此心见可欲而亦不乱，以养吾圆机。

【译文】

内心难以把握时，就应远离尘世，让此心不受欲念的诱惑。惟此才能心不迷乱，体悟到纯洁的天性。操持既然已坚定，就应混迹于红尘，让此心受到欲念的诱惑，也不致迷乱。惟此才以修养自己圆通的灵机。

人我一视　　动静两忘

喜寂厌喧者，往往避人以求静，不知意在无人便成我相。心著于静便是动根，如何到得人我一视，动静两忘的境界？

【译文】

喜欢寂静而厌恶喧嚣的人，往往躲避人群以求得宁静。殊不知故意躲避人群就是太看重自己。专心去求得宁静，便是骚动的源头。如何才能达到人与我同为一体，将宁静与喧嚣统统忘掉的那个最高境界？

菜 根 谭

山居清洒　　入尘即俗

山居胸次清洒,触物皆有佳思;见孤云野鹤,而起超绝之想;遇石涧流泉,而动澡雪之思;抚老桧寒梅,而劲节挺立;侣沙鸥麋鹿,而机心顿忘。若一走入尘寰,无论物不相关,即此身亦属赘旒矣!

【译文】

居于深山,心胸则开阔,凡接触到的事物都有高雅的感觉。看见一片云,一只飞翔的野鹤,就能立即产生超越之感;看到山谷中流淌的泉水,就会产生冲掉一切尘俗的想法;摸一摸苍老的桧树与严冬中的梅花,就会产生挺拔傲雪之感;同海鸥麋鹿相伴,便会忘掉机心。若回到尘世中,凡事已不再与我相干,就是这个躯体也觉得是个累赘。

野鸟作伴　　白云无语

兴逐时来,芳草中撒履闲行,野鸟忘机时作伴;景与心会,落花下披襟兀坐,白云无语漫相留。

【译文】

兴致一来,便于草地上脱去鞋漫步,那野鸟竟忘了被捕捉的危险而飞到身边作伴。景色与心灵相交融时,于飘落的花儿下披着衣裳独坐沉思。此时白云也不忍离去,依然留在头顶上。

菜 根 谭

念头稍异　　境界顿殊

人生福境祸区，皆念想造成，故释氏云："利欲炽然即是火，贪爱沉溺便为苦海；一念清净烈焰成池，一念警觉航登彼岸。"念头稍异，境界顿殊，可不慎哉。

【译文】

人的幸福之遇与祸患之危，均因欲念所致。故而释迦牟尼说："贪求名利的欲念太炽热，就会踏进火坑；过分贪求爱恋就会掉进苦海。一个清净的念头可使火坑变为水池，一个觉醒的念头可使人脱离苦海而到达彼岸。"念头稍有不同，所达境界就大不一样。不可不谨慎啊！

水滴石穿　　瓜熟蒂落

绳锯木断，水滴石穿，学道者须加力索；水到渠成，瓜熟蒂落，得道者一任天机。

【译文】

用细绳可锯断木头，水滴能把石头滴出小洞，学道者应努力探索。水到渠成，瓜熟蒂落，凡想得道者，就得听任自然。

机息有风月　　心达无喧嚣

机息时，便有月到风来，不必苦海人世；心达处，自无车尘马迹，何须痼疾丘山。

【译文】

心中的杂乱念头消失后，便会有朗月清风缓步而来，不必再将人生视作苦海。心胸畅达时，当然不会有车马喧嚣之感，何必还要找什么幽静的山林去处呢？

菜根谭

生生之意　　天地之心

草木才零落，便露萌颖于根底；时序虽凝寒，终回阳气于飞灰；肃杀之中，生生之意常为之主。即是可以见天地之心。

【译文】

草木刚零落，便已在根底露出新芽；季节虽已到了寒冬，但冬至的风已带着阳气，吹动了葭灰，天气终究要回到温暖的时节；肃杀的气氛中，充满生机的意向依然主宰一切。足见天地造化万物的本性。

菜 根 谭

雨后山清　　静中钟扬

雨余观山色，景象便觉新妍；夜静听钟声，音响尤为清越。

【译文】
　　雨后观赏山色，觉得景致异常清新；深夜听得钟声，觉得声音分外清晰激越。

雪夜读书　　神清气爽

　　登高使人心旷，临流使人意远；读书于雨雪之夜，使人神清；舒啸于丘阜之巅，使人兴迈。

【译文】
　　登高可让人心旷神怡，直面激流可让人觉得意境深远；雨雪之夜读书，感到特别神清；山丘之顶放声高喊，使人感到豪迈。

万钟一发　　存乎一心

　　心旷，则万钟如瓦缶；心隘，则一发似车轮。

【译文】
　　心胸开阔，则将巨额财富视作瓦罐一般；心胸狭窄，则将一根头发般微小的利益视作车轮一样大。

以我转物　　驾驭欲念

无风月花柳,不成造化;无情欲嗜好,不成心体。只以我转物,不以为物役我,则嗜欲莫非天机,尘情即是理境矣。

【译文】

没有风月花柳,则不能成为自然界;没有情欲嗜好,则不能成为人的天性。只要能由我掌握万物,而不让万物束缚我,那么凡此欲念都是上天安排,尘世的俗情也是理想的境界。

菜 根 谭

就身了身　以物付物

就一身了一身者，方能以万物付万物；还天下于天下者，方能出世间于世间。

【译文】

通过自身了解省悟自身的人，才能让万物顺乎自然，各尽其用；能将天下交还给天下人的人，才能从凡尘俗欲的世间超脱出来。

抱身心忧　耽风月趣

人生太闲，则别念窃生；太忙，则真性不现。故士君子不可抱身心之忧，亦不可不耽风月之趣。

【译文】

人若过分闲逸，其他念头则悄然而生；人若过分忙碌，其真性则不会显现。故此，君子既不可过分身心疲惫，也不可不懂得吟风弄月的乐趣。

一念不生　处处真境

人心多从动处失真，若一念不生，澄然静坐；云兴而悠然共逝，雨滴而冷然俱清；鸟啼而欣然有会，花落而潇然自得。何地非真境，何物无真机。

【译文】

人心多在浮躁之时失真。若能不生一念，心中明澈地静坐，随着飘过的云朵一同消失于天际，就着雨滴冷静地洗净心中的尘埃，从鸟声中领悟自然的奥妙，随落花而潇然自得；那么何处不是人间仙境？何物没有带着自然的机趣呢？

菜根谭

顺逆一视　欣戚两忘

子生而母危，镪积而盗窥，何喜非忧也；贫可以节用，病可以保身，何忧非喜也。故达人当顺逆一视，而欣戚两忘。

【译文】

孩儿出生时母亲面临生命危险，财富积得太多就会招来盗贼，怎能说这是喜而不是忧呢？贫穷可让人养成节俭的习惯，生病可以让人注重养生，怎能说这是忧而不是喜呢？故而通达的人能将顺境与逆境一样看待，将高兴与忧愁同时忘掉。

菜　根　谭

空谷巨响　　过而不留

耳根似飙谷投响，过而不留，则是非俱谢；心境如月池浸色，空而不著，则物我两忘。

【译文】

耳朵听到的像狂风吹过山谷造成的巨响，而过后什么也没有留下，人世间的是是非非，也会像这巨响一样消失。内心的境界能若月光映于水中，空然无痕，则会做到物我两忘。

世亦不尘　　海亦不苦

世人为荣利缠缚，动曰："尘世苦海。"不知云白山青，川行石立，花迎鸟笑，谷答樵讴，世亦不尘，海亦不苦，彼自尘苦其心尔。

【译文】

世人为荣华富贵所缠绕，动不动就说："人世是苦海"。但世人却不知云白山青、水流石立、花迎鸟鸣、谷答樵歌的人间美景所在。人世间并非充满尘俗，人生也不全是苦海。说人生是苦海的人无非是他们自己的心已落入凡俗与苦海中罢了。

履盈满者　　宜顺思之

花看半开，酒饮微醉，此中大有佳趣。若至烂漫酕醄，便成恶境矣。履盈满者，宜思之。

【译文】

鲜花半开时最宜欣赏，酒饮到微醉时最为妙。这其中大有趣味。若等到鲜花盛开、酒喝得烂醉如泥之时，已经是恶境了。志得意满的人应品味这一道理。

菜 根 谭

任其自然　　不受点染

山肴不受世间灌溉，野禽不受世间豢养，其味皆香而且冽。吾人能不为世法所点染，其臭味不迥然别乎？

【译文】

山肴不经过人的灌溉施肥，野禽不经过人的豢养，可它们的味道是那样清香。我们若不为世间的功利所引诱，那我们的品味不就与他人有极大的区别了吗？

菜 根 谭

观物自得　　不在物华

栽花种竹，玩鹤观鱼，亦要有段自得处。若徒留连光景，玩弄物华，亦吾儒之口耳，释氏之顽空而已，有何佳趣？

【译文】

栽花种竹，玩鹤观鱼，都能有种自得其乐的感受。若只迷恋眼前的景色，赏阅表面的景观，也只是儒家所说的口耳学问、佛家所说的冥顽不灵罢了，又有何乐趣可言呢？

隐于不义　　生不若死

山林之士，清苦而逸趣自饶；农野之人，鄙略而天真浑具。若一失身市井驵侩，不若转死沟壑神骨犹清。

【译文】

居于山中的隐士，虽清苦却有闲适自得的乐趣；乡间的农夫，虽粗俗却心地单纯，性情直爽。与其失身于市井而玷污了自己的名声，还不如死于沟壑之中以保持自己精神与肉体的清白。

着眼要高　　不落圈套

非分之福，无故之获，非造物之钓饵，即人世之机阱。此处着眼不高，鲜不堕彼术中矣。

【译文】

享受的若不是自己应得的福分，所得的收获又是无缘无故的，那么此二者不是上天的安排，就是有人故意设下的陷阱。此时若眼光短浅，很少有人不落入这种圈套。

菜根谭

根蒂在手　　不受提掇

人生原是一傀儡，只要根蒂在手，一线不乱，卷舒自由，行止在我，一毫不受他人提掇，便超出此场中矣！

【译文】

人生原本就是一出木偶戏，只要自己掌握住牵动木偶的线，不乱一线，卷放自如，行与止完全由自己掌握，一点儿也不受他人的左右，这样做就算跳出这个游戏场了。

菜 根 谭

无事为福　　雄心冰融

一事起则一害生，故天下常以无事为福。读前人诗云："劝君莫话封侯事。一将功成万骨枯。"又云："天下常令万事平，匣中不惜千年死。"虽有雄心猛气，不觉化为冰霰矣。

【译文】

只要有一件事发生，就会有一种祸害出现。故此，天下人将不发生事看作是福分。前人的诗句中说："奉劝大家不要谈授官封爵的事，因为一个大将的功勋是千万兵卒的生命换来的。"又说："天下若能常保太平，即便将宝剑放在匣中一千年也无所谓。"读了这些诗句，虽有雄心猛气，也如冰雪融化一般化为乌有了。

茫茫世间　　矛盾之窟

淫奔之妇矫而为尼，热中之人激而入道，清净之门，常为淫邪之渊薮也如此。

【译文】

淫妇一反常态变为尼姑，热衷功名的人因一时意气用事而出家，这样一来，原来是清净的佛门，却常常成了淫邪之人聚集的地方。

身在事中　　心超事外

波浪兼天，舟中不知惧，而舟外者寒心；猖狂骂坐，席上不知警，而席外者咋舌。故君子身虽在事中，心要超事外也。

【译文】

波涛滚滚，巨浪滔天，坐在船上的人不知害怕，而船外的人倒觉得怕得很；席间有人猖狂骂人，席上的人并不在意，而席外的人却在咋舌。故此，君子即使身陷事中，心也要超然事外。

不减求增　　桎梏此生

人生减省一分，便超脱一分，如交游减，便免纷扰；言语减，便寡愆尤；思虑减，则精神不耗；聪明减，则混沌可完。彼不求日减而求日增者，真桎梏此生哉！

【译文】

人减少一分事，便能超脱一分世俗：如减少应酬与交往，便可免去许多纷扰；减少语言，便能减少过失与责难；减少思虑，则精神消耗就少；减少小聪明，则可保持淳朴的习性。那些不求每天减少事情反而希求每天增加事情的人，真是给自己的一生套上了枷锁桎梏！

菜 根 谭

满腔和气　　随地春风

天运之寒暑易避，人生之炎凉难除。人世之炎凉易除，吾心之冰炭难去。去得此中之冰炭，则满腔皆和气，自随地有春风矣。

【译文】

天地运行而致成的寒暑易避开，人世间的人情冷暖难以去除。即便说人世间的世态炎凉易于清除，可我的心中水火不容的私心杂念却是难以清除的。若能去除心中的冰寒烈焰之感，就会满腔充满和顺的气息，无论到哪里，都会有春风扑面的感觉。

超越嗜欲　　只求真趣

茶不求精而壶亦不燥，酒不求冽而樽亦不空；素琴无弦而常调，短笛无腔而自适；纵难超越羲皇，亦可匹俦嵇阮。

【译文】

茶叶不求精，而只求茶壶不干则可；酒不求多么醇，只要酒杯不空就行；无弦之琴却常常能弹出动听的曲调；短笛吹不出什么美妙音调，但能令吹笛者心情舒适；纵然比不上伏羲时代那样优游淡泊，但也可同嵇康阮籍的洒脱相比。

万事随缘　随遇而安

释氏随缘，吾儒素位，四字是渡海的浮囊。盖世路茫茫，一念求全，则万绪纷起，随遇而安，则无入不得矣。

【译文】

佛家主张顺应因缘，儒家主张安守本分。"随缘素位"这四个字是渡过人生苦海的浮囊。人生的道路茫茫无际，一旦产生追求完美的念头，种种纷乱的头绪就会不断袭击。若能安然面对所遇的事情，则不管走到何处都显得悠然自得。